Respiración consciente

Técnicas y ejercicios para
transformar tu vida

EMMA POWER
JENNA MEADE

cincotintas

Contenidos

Inicio

Nuestra vida es un paréntesis de respiración. Entramos en el mundo con una aspiración, y salimos en una espiración. Lo que sucede en el medio depende de lo dispuestos que estemos a trabajar la respiración.

La respiración es algo en lo que muchos no pensamos: nuestro subconsciente se encarga de ella. Pero es la única función automática del cuerpo sobre la que tenemos control absoluto. Al llevar la conciencia a la respiración y aprender a manipularla, accedemos a una de las mejores maneras de calmar y sanar el cuerpo.

Usando técnicas de respiración, puedes cambiar de estado y entrenar tus reacciones. Puedes aumentar la agilidad emocional y tu musculatura mental estableciendo una práctica de conexión con la tierra, y conseguir que tus sentidos se eleven al expandirte más allá de tu nivel diario de conciencia.

Considera este libro una guía para el crecimiento. Tu cuerpo es tu hogar, tu mente es tu jardín. La respiración es tu herramienta para atenderlos. Aprenderemos a reducir el estrés y la ansiedad, aumentar la vitalidad, la productividad y el sueño, fomentar la creatividad y mejorar la salud cardiovascular. Desvelaremos técnicas para alterar la percepción y la conciencia en segundos, descubriremos cómo guiarnos por la intuición en lugar de dejarnos engañar por los miedos, amplificaremos los momentos de plenitud y conseguiremos que el sexo sea realmente bueno.

La respiración es mi superpoder. Respiro cuando me siento atascado, y se revela una solución creativa. Respiro antes de una reunión difícil y me centro en la armonía. Respiro antes de hablar, y surge la sabiduría. Cuando me concentro en mi respiración, me transporto a un estado superior, y mi ser superior se libera.

La experiencia de la respiración nadi shodhana (respiración nasal alternativa) en mi primera clase de yoga, hace unos veinte años, supuso mi introducción. Me abrió –y calmó– la mente. Me intrigó al instante. Dediqué la década siguiente a reunir una larga lista de prácticas de maestros, tántricos, yoguis y swamis de todo el mundo.

Además de ser una eterna estudiante de la respiración, también soy profesora. He enseñado estas prácticas a miles de estudiantes a lo largo de los últimos doce años, y he sido testigo de los resultados más alucinantes. Estas prácticas han ayudado a algunas personas con depresión, ansiedad o adicción a las drogas, o a liberar un profundo trauma emocional. A menudo, los efectos son físicos: mayor capacidad pulmonar, eliminación de problemas sinusales y alivio de la tensión intestinal. Pero mi efecto favorito es ver a las personas entrar en estados alterados de conciencia para expandir sus mentes y obtener respuestas.

Estas técnicas pueden ser descubiertas por buscadores inquietos como tú. Bienvenido: en tus manos tienes unas prácticas que supondrán un gran cambio.

Ya poseías la respiración. Ahora vamos a trabajar con ella.

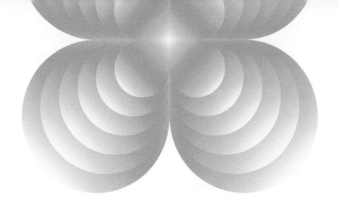

Cuando me concentro en la
respiración, me transporto a un
estado superior y mi ser superior
se libera.

Ya poseías
la respiración.
Ahora vamos
a trabajar
con ella.

INICIO

Uno

El cambio

Cuando respiras, cambias tu estado. La forma en que respiras cuando estás emocionado, asombrado, en conflicto o estresado puede cambiar tu estado de ánimo, tu energía y tu experiencia de vida. La respiración es tu pase exclusivo a la autoexploración, y siempre dispones de acceso instantáneo.

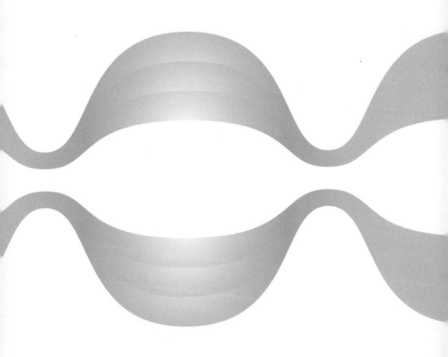

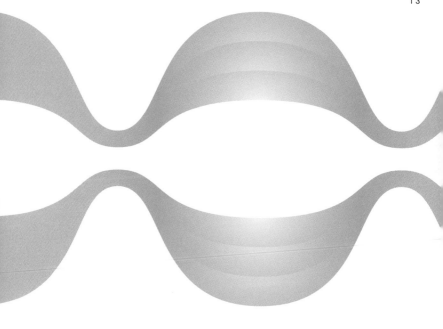

Piensa cómo se correlaciona tu respiración con tus emociones y sentimientos. Cuando algo te duele, contienes la respiración. Cuando estás ansioso, respiras aceleradamente con el pecho. Cuando estás enojado, jadeas de forma irregular. Cuando estás tranquilo, tu respiración se ralentiza. Cuando tu estado cambia, también lo hace tu respiración. Y, del mismo modo, cuando alteras tu respiración, transformas tu respuesta fisiológica.

Las prácticas de este capítulo serán tus favoritas para el día a día. Te ayudarán a aparcar la negatividad o encontrar la manera de cambiar de humor. Te darán las herramientas para calmar la mente antes de una reunión, hacer una pausa antes de arremeter contra un ser querido, encontrar el enfoque para comenzar ese proyecto que has estado postergando y relajar el cuerpo para conciliar tranquilamente el sueño. Son prácticas para todo. Tanto si estás buscando una solución inmediata como una forma encerrarte en tu caparazón o abrirte como una flor, te aclararán la mente, te reconectarán con tu cuerpo y te ayudarán a recomenzar.

Pero antes, profundicemos un poco. Lo que conlleva cambiar constantemente de estado es que, cada vez que reaccionas a una experiencia con la respiración consciente, estás reentrenando tu respuesta. Esto es importante, porque repetimos lo que no reparamos. Donde antes necesitabas recordarte a ti mismo respirar y mantenerte presente en un momento alegre o poner las cosas en perspectiva en uno complicado, al responder regularmente con estas técnicas comenzarás a regularte automáticamente, de forma natural, sin esfuerzo, inconscientemente. De modo que, desde ahora, te estás preparando. ¿Qué te parece, como guinda del pastel?

La respiración es
tu pase exclusivo a
la autoexploración,
y siempre dispones
de acceso instantáneo.

Lo que conlleva cambiar constantemente de estado es que, cada vez que reaccionas a una experiencia con la respiración consciente, estás reentrenando tu respuesta.

◊◊◊ *Homenaje a las raíces*

En estas páginas encontrarás tanto técnicas antiguas como adaptaciones modernas. Quiero honrar y reconocer a los maestros y pioneros de todo el mundo. Con el tiempo, la sabiduría antigua se ha extendido a muchas personas en muchas culturas diferentes. Al compartir sus conocimientos, los maestros han ayudado a multitud de estudiantes, incluyéndome a mí, a continuar compartiendo la belleza y el poder de la respiración.

◊◊◊ *Respiración más lenta, corazón más fuerte*

Los antiguos yoguis estudiaron la naturaleza con detalle, observando la respiración de diferentes criaturas. Mientras desarrollaban las prácticas y disciplinas del yoga, observaron animales cuyos corazones latían rápido y lento. Como Swami Satyananda Saraswati señala, los maestros percibieron que los animales con latidos cardíacos rápidos, que respiran rápido, como pájaros y conejos, tenían una vida corta, mientras que los de latidos cardíacos lentos, que respiran más lenta y profundamente, como pitones y elefantes, vivían más. Llegaron a la conclusión de que al reducir la velocidad y alargar nuestra respiración, es posible mantener el corazón más fuerte y vivir más.

Empezaremos por respirar adecuadamente

Observa tu respiración. Ponte una mano sobre el vientre y la otra sobre el pecho. ¿Qué mano se mueve primero cuando respiras? ¿Estás respirando por la boca o por la nariz? ¿Cuánto dura cada respiración? ¿Cuál es la posición de tu lengua? ¿Hay una pausa entre respiraciones o sientes la necesidad inmediata de aspirar después de espirar?

Nuestra respiración cambia según nuestras necesidades, pero para la mayoría de las personas es normal un ritmo de entre 10-14 respiraciones por minuto, con una pausa natural entre ellas. La lengua se sitúa de forma natural en la parte superior de la boca, y lo ideal es respirar por la nariz.

Es importante implicar al diafragma. Así, el vientre empujará suavemente en la aspiración y se relajará en la espiración. El diafragma se contrae y desciende a medida que aspiras, empujando hacia abajo los órganos debajo de él y atrayendo aire hacia las partes más bajas de los pulmones. A medida que espira, el diafragma se relaja y se levanta, empujando el aire fuera de los pulmones y liberando los órganos a su posición original.

Piensa en cómo respira un bebé. Profundamente arraigado en el momento presente, su barriguita sube y baja con la respiración. Luego observa respirar a un adulto, corriendo con un café en una mano y un teléfono en la otra. Como muchos andamos estresados, realizamos respiraciones cortas y superficiales con el pecho. La cuestión es que nuestra manera de respirar puede aumentar o reducir el estrés.

Respirar con el pecho indica al cuerpo que hay motivos para estar estresado, con lo que nos estresamos más y se crea un círculo vicioso.

♦♦♦ *¿El estrés te trae de cabeza?*

La forma de respirar puede aumentar o reducir el estrés. Muchos vivimos en un estado de estrés constante –algunos alto, otros bajo– y, por lo tanto, con una activación excesiva del sistema nervioso simpático. Se puede reducir el estrés alargando las espiraciones más que las aspiraciones. Esto ayuda a activar el sistema nervioso parasimpático, la parte del organismo responsable de relajarnos y calmarnos. Mientras respiras, recuérdale a tu cuerpo que está a salvo y puede relajarse.

♦♦♦ *¿Atascado en un conflicto?*

La mayoría vemos el conflicto como una experiencia negativa o amenazante, y nuestro sistema nervioso salta a la primera señal de desafío. Si el conflicto se intensifica (o parece que lo hará), el sistema nervioso simpático se activa y nuestro cuerpo siente que estamos en peligro. Estamos en alerta máxima, y el cuerpo nos dice que necesitamos defendernos, por lo que reaccionamos en modo lucha, huida, parálisis o adulación. En este modo de alerta, es difícil ver las cosas con claridad o comunicarnos racionalmente. Respirar lenta y profundamente indica al cuerpo que estamos a salvo. Con la práctica, esta reacción nos ayuda a reeducar nuestras respuestas y construir una sensación de paz, incluso en el ojo del huracán.

La respiración torácica tiene su propósito. Está diseñada para períodos cortos de tiempo cuando el cuerpo necesita más oxígeno y de inmediato, como al hacer ejercicio o responder a una amenaza física. Los músculos del cuello, la parte superior del pecho y la espalda, así como los músculos más grandes del torso y algunos abdominales, se activan y se preparan para responder. Desaparecida la amenaza, los músculos se relajan y volvemos a respirar relajados.

Los efectos de vivir en la sociedad actual han cambiado la forma en que respiramos. La mayoría de nosotros vivimos en un estado leve de estrés. La respiración torácica también se ha convertido en un hábito, por lo que incluso cuando el estrés se alivia, continuamos respirando de esta manera. Esto nos hace sentir estresados sin necesidad de estarlo. Para cambiar el estado, debemos cambiar el hábito.

◗◗◗ *¿Deberías frenar un poco?*

Te entiendo. Tiendo a apresurarme y voy como un cohete. Me di cuenta de que alcanzaba a hacerlo todo, pero a un ritmo frenético. Así que ahora me detengo, respiro un poco para centrarme y pronuncio el mantra: «No hay prisa». Me permito el equivalente mental de las flexiones como castigo. Si me acelero, me obligo a detenerme y respirar. Así me reinicio y reinicio mi ritmo.

◗◗◗ *Descarta cinturones, pantalones o faldas apretados*

Deja conscientemente que tu barriga se relaje. No puedes respirar correctamente si estás atado. A muchos se nos ha enseñado desde una edad temprana a retenerlo todo. Déjalo ir. Deja tu barriga libre.

Hace poco pasé una temporada en una pequeña isla de Fiyi. Ver a los fiyianos moverse, respirar y reír desde el vientre fue una prueba de su ritmo y filosofía de vida. No tenían prisa, y su aliento era reflejo de ello. Se sentían cómodos con la quietud y lentitud, y eran conscientes de sus movimientos. Yo, por otro lado, sentí que me estaba desintoxicando de mi estilo de vida. Corría por la isla como si debiera llegar a un lugar importante con urgencia. Tuve que reducir la velocidad conscientemente. Me recordé a mí misma que debía sentir el suelo bajo mis pies, la brisa en mi piel y respirar profundamente con la barriga. Poco a poco, noté que mi organismo se relajaba y cambiaba mi resonancia.

Si te detienes a observarte, es posible que notes que has invertido la respiración: respiras desde el pecho al aspirar y desde la barriga al espirar. Esto sucede con bastante frecuencia en adultos. Toma buena nota y cámbialo conscientemente, de lo contrario los pulmones no se expandirán completamente.

◖◗◖ *¿Tu respiración es superficial?*

Vamos a comprobarlo. Coloca la palma de la mano sobre el abdomen, bajo la caja torácica, y espira. Respira hondo, observando el movimiento de la mano mientras lo haces. Si la mano se mueve mientras el abdomen se expande, estás respirando correctamente. Si solo se mueve ligeramente y tus hombros se elevan, estás respirando superficialmente.

Me recordé a mí misma
que debía sentir el suelo bajo mis
pies, la brisa en mi piel y respirar
profundamente con la barriga.

Poco a poco, noté que
mi organismo se relajaba y
cambiaba mi resonancia.

EL CAMBIO

Recordatorios para respirar

Las interacciones cotidianas ofrecen infinitas oportunidades para evolucionar. A menudo, la transformación radica en tomarse un momento para respirar en circunstancias habituales. A veces, los resultados más beneficiosos se encuentran en la belleza y el espacio de una o dos respiraciones conscientes sobre la marcha.

Durante estos momentos, suelo optar por unas cuantas respiraciones diafragmáticas o respiraciones coherentes. Llegaremos a esto en las prácticas del final de este capítulo. He aquí algunos momentos para aprovechar y respirar conscientemente:

- Al intentar recordar algo que has olvidado.
- Al sentir que te inunda el amor por tu pareja, hijo o mascota.
- Al intentar solucionar un problema complicado.
- Cuando estás al límite físicamente y crees que no puedes seguir.
- Cuando estás al límite emocionalmente y te sientes abrumado.
- Cuando estás escuchando música o te conmueve una obra de arte.
- Cuando alguien intenta absorber tu energía.
- Al entrar en una reunión o salir al escenario.
- Antes de mantener una conversación difícil.
- Antes, durante y/o después del sexo.
- Cuando te sientes feliz, alegre o admirado.
- Cuando sientes dolor físico o dolor por una pérdida.
- Cuando estás aburrido, irritado o frustrado.
- Ante una cascada, en la cima de una montaña o admirando una puesta de sol.

A menudo, la transformación radica en tomarse un momento para respirar en circunstancias habituales.

El poder de las palabras

Repetir una frase, palabra o sonido con significado es una práctica utilizada en la mayoría de las tradiciones espirituales. Pueden usarse para infundir intención, ayudar a domar la mente errante, alterar los hábitos subconscientes y alinearnos con una vibración o energía con la que se relaciona la palabra o frase.

Estas frases a veces se denominan mantras, un término sánscrito derivado de *manas* (mente) y *tra* (herramienta), «una herramienta para la mente». Encontrarás sugerencias para mantras sánscritos tradicionales en este capítulo y en el capítulo «La expansión», pero el mantra con el que desees trabajar puede proceder de otra fe o sistema espiritual.

Tal vez prefieras usar afirmaciones, es decir, palabras o declaraciones positivas utilizadas para influir en el subconsciente y reprogramar nuestros pensamientos. Una afirmación suele ser algo que deseamos ser, tener o recordar. Úsalas en tiempo presente para sugerir a tu mente subconsciente que la afirmación ya es un hecho real. Por ejemplo, si deseas sentirte con más energía y salud, trabaja con una afirmación como: «Mi cuerpo está sano y lleno de vitalidad».

Al trabajar con una afirmación o mantra, te pones en sintonía con la energía de las palabras. Estás plantando semillas en tu psique diseñadas para restablecer tu estado mental en un momento o llevarte a un nivel subconsciente más profundo con el tiempo.

Un mantra que respetuosamente uso combinado con mi práctica es el término sánscrito *sat nam*. *Sat* se traduce como «verdad», y *nam*, como «nombre» o «identidad». Como mantra, estas palabras pueden ayudar a revelarnos nuestra verdadera esencia y así alinearnos con una verdad universal mayor.

Desde que leí el libro de Sarah Wilson *This One Wild and Precious Life*, mi nueva afirmación favorita es «Quédate más tiempo». Sarah explica que a menudo sentimos la necesidad de salir corriendo, en lugar de aceptar simplemente ser.

Las palabras «Quédate más tiempo» nos invitan a estar presentes en el momento. A menudo pensamos que necesitamos cambiar de lugar o terminar una conversación, sin embargo ese ímpetu proviene de la impaciencia o la incapacidad de estar quietos. Yo me repito esta expresión, combinada con una respiración profunda, cuando mis hijos se retrasan o me siento inclinada a terminar una conversación.

La respiración profunda calma mi organismo, y la frase desencadena algo en mi mente. No sé cuántos momentos preciosos me habría perdido si no me hubiera detenido y quedado un poco más, dejando sitio para la magia.

Puedes tardar en incorporar el mantra o afirmación. Te recomiendo encarecidamente usarlo regularmente durante unos meses para conseguir resultados más profundos.

HAZLO

Comienza a detectar cuándo te sientes ensimismado, nervioso, tenso o atrapado en tu infinita lista de tareas pendientes. Déjalo todo por un momento, quédate quieto y realiza una respiración diafragmática profunda. Repítete: «No hay prisa». Sigue un minuto así, respirando profundamente, relajando conscientemente los músculos y dando la bienvenida al espacio que te rodea. Este pequeño acto altera la forma en que a partir de ahora te tomarás el día. Te sentirás igual de productivo, incluso más, posiblemente. Repítelo si notas que vuelves a ponerte nervioso.

❋❋❋ ¿Entras en una espiral?

Cuando estamos ansiosos, la respiración es superficial y rápida. Podemos entrar en un ciclo en el que nuestro miedo desencadena una respiración más rápida, lo cual aumenta el miedo. Es un despropósito. Si sufres un ataque de pánico, o sientes que se acerca uno, usa la respiración para estabilizarte. La respiración profunda y rítmica activa el nervio vago, y nuestro sistema nervioso parasimpático se activa. Cuando el cuerpo recupera un estado de reposo, también lo hacen nuestra mente y corazón.

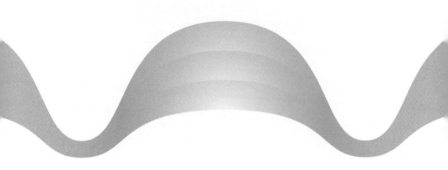

❋❋❋ ¿Has dado con un vampiro de energía?

Cuando estés atrapado en una conversación con alguien que trata de chupar tu energía, usa la respiración para recuperar tu energía y el presente. Parecerá que estás escuchando, pero estarás totalmente enfocado en ti. Al aspirar y sentir que tu cuerpo se expande, volverás al presente. Nadie puede quitarte nada cuando estás presente.

A veces, los mejores resultados
se encuentran en la belleza y el
espacio de una o dos respiraciones
conscientes sobre la marcha.

EL CAMBIO

Qué se puede experimentar

La respiración se expresa en un amplio espectro. Imagina que es un arcoíris y que cada sesión arroja un nuevo tono de color.

Voy a repasar algunas expresiones que podrían darse ahora o en los siguientes capítulos, al profundizar en la práctica. Por favor, ten en cuenta que son solo posibilidades. No vayas persiguiendo o juzgando una experiencia. Al compartir estas expresiones, simplemente te aviso para que no te sorprendas si aparecen.

Tu cuerpo puede experimentar sensaciones físicas como hormigueos, sacudidas, temblores, vibraciones u ondas de movimiento. Puedes sentirse pesado, ligero, caliente o frío. Es posible que notes un subidón, una iluminación, como si corriera limonada por tus venas. Tal vez te balancees o des vueltas. Es posible que sientas una euforia similar al orgasmo. Puedes notar alguna sensación en un área en particular, tal vez hormigueo en las yemas de los dedos o los labios, o que te arde la boca. Las manos pueden experimentar lo que se conoce como «garras de cangrejo», algo formalmente llamado tetanias o espasmos intermitentes. Quizás el cuerpo se incline por hacer sonidos (a veces fuertes) o suspiros. Puedes sentir mucha energía en un área, o a veces tensión, particularmente en zonas propensas a ella.

Es común experimentar emociones durante la práctica. Estás profundizando, pelando capas y exponiéndote a sentimientos que pueden haber sido reprimidos. Tal vez sientas enojo, irritación, dolor o tristeza. Puedes sentirte expandido, profundamente apaciguado, abstraído, abrumado de amor o quizás trascendencia extática.

Puedes ver imágenes, colores, formas o visiones. Es posible que se te presenten revelaciones, epifanías, fogonazos, momentos de inspiración o creatividad, ideas, descargas de información. Puedes experimentar una pérdida del sentido del tiempo o el espacio, una conexión con todo lo que existe, una experiencia de unidad.

La clave aquí es conceder a tus experiencias el reconocimiento que merecen, pero sin apegarte a ellas. También es importante reconocer que una experiencia surgida durante una práctica puede que no se repita. Buscarla o tratar de repetirla puede distraerte del trabajo.

Si notas que alguno de estos sentimientos o expresiones físicas te sobrepasan, abre los ojos y detén la práctica. No obstante, trata de diferenciar entre el agobio genuino o la mera resistencia antes de desconectar.

Si sientes molestias, toma plena conciencia de la sensación. En algunos casos, trabajar con la sensación ayuda a liberar la limitación física o emocional que se experimenta, igual que al recibir un masaje se puede deshacer una contractura. Sin embargo, más allá de la tensión, se puede notar dolor. Si te inquietas, interrumpe la práctica y consulta con tu médico. Es importante descartar cualquier afección antes de continuar.

Si alguna de las manifestaciones continúa después de la práctica de respiración, o si te sientes abrumado, haz algo que tienda a arraigarte. Come bien o llama a un amigo para regresar a ti mismo.

ANTES DE EMPEZAR

Cada cuerpo y cada mente son diferentes. Echa un vistazo al capítulo «Precauciones», en la p. 164, antes de realizar las prácticas de este libro.

◆◆◆ *Intensifica una experiencia*

A veces mi corazón se colma de tanta felicidad que siento que voy a llorar. Es her-
moso, pero potente y abrumador también.
Respiro para acordarme de hacer durar el
instante, aunque sea intenso. Los estudios
demuestran que permanecer presentes en
los momentos felices y reconocerlos conscientemente aumenta la capacidad de ser
felices. Curiosamente, muchos nos sentimos
incómodos con estas emociones íntimas. Es
como si tuviéramos un límite de felicidad, y
solo nos permitiéramos disfrutarla un rato
antes de dejarla de lado o autosabotear nuestra propia alegría. Cuando nos detenemos y
nos tomamos un momento de expansión
mediante la respiración, nos damos permiso
para sentir. Al sentir más, experimentamos
más y vivimos más plenamente.

◆◆◆ *Guiar a los pequeños*

También se puede enseñar a los niños a
cambiar su estado de ánimo. Cuando sientas
una provocación o estés al límite emocional
con los niños, explícales cómo te sientes y
qué estás haciendo para calmarte. Yo me
pongo como modelo de respiración. Les
digo: «Noto que estoy empezando a sentirme
frustrada. Voy a respirar profundamente». No
solo vuelvo a un estado de calma, sino que
también les muestro cómo hacerlo.

Respira simultáneamente con otra persona o en grupo para fomentar la cohesión y la sintonía. Esto ayuda a conectar, aumentar la intimidad y expandir la conciencia más allá de uno mismo como individuo. Yo dirijo talleres sobre relaciones y sexualidad, que son temas que implican emociones fuertes o pesadas cargas. Siempre comienzo las sesiones invitando al grupo a realizar tres respiraciones colectivas, completadas con un suspiro o sonido. Esto ayuda a relajar y unir a los participantes, y se produce un cambio visceral en la sala notable.

◆◆◆ *Corrige tu postura*

Pasamos gran parte de nuestro tiempo sentados, mirando pantallas, encorvados sobre los teléfonos y atascados durante horas en el tráfico. Nuestros músculos involucrados en la respiración correcta están tensos, lo cual nos impide respirar plenamente. Las prácticas como el yoga ayudan a corregir la postura y también a liberar los músculos en tensión del cuerpo. Cuando relajas los músculos, creas más espacio para la respiración.

El cambio: prácticas

Respiración diafragmática

Cuando nacemos, ya sabemos respirar hondo, usando el diafragma, por instinto. Pero con la edad, y a medida que la vida se complica, empleamos la respiración torácica, menos profunda y menos satisfactoria.

Esta técnica nos ayuda a reaprender los conceptos básicos de la respiración profunda, que fomenta el intercambio completo de oxígeno y fortalece los pulmones.

UTILIDAD

Usa esta técnica cuando notes tensión física en tu cuerpo. Puede ser durante una conversación difícil, cuando estás irritado o bajo estrés. Úsala para bajar el ritmo y aportar claridad para tomar una decisión en el acto, o para amplificar las emociones durante el sexo, o en un gran momento de belleza, asombro o felicidad.

RESPIREMOS

Puede ser útil comenzar a practicar en una posición sentada con una mano en la barriga. Con el tiempo, podrás usar la técnica en cualquier lugar y en casi cualquier posición.

- Respira profundamente por la nariz y visualiza tu diafragma moviéndose hacia abajo. Te estás concentrando en llenar la barriga (más que en empujarla hacia fuera). A medida que se llena de aire, de forma natural se abultará.

- Espira suavemente por la nariz. Observa cómo el diafragma se libera y se mueve hacia arriba, y la barriga y pulmones se relajan suavemente.

NOTAS

- Combina esta técnica con una afirmación o mantra. Realiza una sola respiración consciente, o repítela durante varias rondas o minutos. Cuanto más practiques esta respiración conscientemente, más respirarás así de manera natural a lo largo del día.

- Esta práctica se conoce como respiración abdominal, cosa que a veces puede confundir. Si pensamos que hay que respirar con la barriga, podemos tratar de empujar los músculos abdominales hacia fuera, lo cual es excesivo. La barriga sobresale porque el diafragma se desplaza hacia abajo, no porque movamos el vientre deliberadamente. A medida que el diafragma baja, deja más espacio para que los pulmones se expandan.

Respiración diafragmática con suspiro o sonido

Los suspiros o sonidos en la espiración crean una liberación visceral y, a menudo, un reinicio mental. Descubrí esto en una clase de yoga hace quince años. Estaba en una posición en la que me hallaba físicamente al límite. Mi intuición me decía que estaba reteniendo algo y que necesitaba hacer un sonido para soltarlo. Sin embargo, no quería llamar la atención de los demás.

Pero entonces el sonido simplemente escapó de mi garganta, un suspiro bien audible. Algo en mi cuerpo se liberó e inmediatamente completé la postura. Una ráfaga de energía reverberó a través de mi sistema. Otros comenzaron a seguir mi ejemplo, y pronto la clase se llenó de suspiros.

Cuando fundé The Awaken School ocho años más tarde, integré el sonido, el suspiro y la respiración en las prácticas de mis alumnos. Como maestra, fui testigo de la intensidad de lo que liberaban. Hubo momentos en que ese suspiro o sonido, ese dejar ir, liberó emociones intensas, ríos de lágrimas u orgasmos de energía, o produjo estados alterados.

UTILIDAD

Usa esta técnica por las mismas razones que la respiración diafragmática, pero especialmente con la intención de soltar. Cuando te centras en la respiración en momentos altamente cargados, creas un respiro para la mente. Tanto si estás emocionalmente afectado como si tus hijos te están volviendo loco o tu pareja ha dicho algo que te ha dolido, esa pequeña brecha –apartarte de lo que te está desafiando– puede ser el cambio de perspectiva que necesitas para volver al problema desde un ángulo diferente. Aprendemos a dejar ir y hacernos presentes. Podemos usar esta práctica para aliviar la frustración, la ira y la ansiedad, o para liberar emociones y el malestar que sigue a una confrontación. El sonido expulsa lo malo de tu sistema.

RESPIREMOS

- Respira profunda y suavemente por la nariz.
- Siente que tu barriga se hincha de forma natural.
- Espira por la boca con un suspiro o sonido.
- Para la liberación física, relaja conscientemente todo el cuerpo al espirar.
- Para la liberación emocional, imagina que liberas emociones estancadas o no deseadas con la espiración.

Respiración coherente

Tendemos de manera natural a respirar a dos o tres segundos por aspiración y espiración. Aquí, vamos a reducirlo a unas cinco respiraciones por minuto extendiendo la duración de cada respiración.

Este ritmo es óptimo. Como señala James Nestor en su libro *Breath*, las tradiciones de todo el mundo siguen los mismos patrones de respiración para la oración o la meditación: aspiraciones de 5-6 segundos aproximadamente seguidas de espiraciones de 5-6 segundos. Un estudio realizado en 2001 por la Universidad de Pavía observó a sujetos que seguían este patrón de respiración lenta durante la oración o la meditación, y constató un aumento del riego sanguíneo al cerebro. Sus organismos entraron en un estado de coherencia, donde corazón, circulación y sistema nervioso se coordinaron para lograr la máxima eficiencia.

Siempre animo a mis alumnos a practicar esta técnica antes de la clase de yoga. Tres rondas ayudan a enfocar la mente y habitar el cuerpo.

UTILIDAD

Aprovecho esta práctica cuando quiero sentirme presente. También cuando estoy en movimiento, conduzco, empujo a mis hijos en el columpio o les abrazo en la playa. Es un buen entrenamiento para los pulmones, y también lo considero una forma de desintoxicación. Pruébalo la próxima vez que dispongas de un rato libre, esos momentos en los que normalmente te distraerías con el móvil, o en el transporte público o esperando en una cola. Aprovecha al máximo estos momentos para llenar los pulmones y la consciencia.

RESPIREMOS

- Respira profunda y suavemente por la nariz.
- Siente que la barriga se hincha de forma natural mientras cuentas hasta cinco.
- Espira por la nariz mientras cuentas hasta cinco.
- Para cambiar tu estado de ánimo: repite diez veces.
- Para mejorar la práctica: sigue respirando así durante 5-20 minutos.

Ujjayi pranayama (respiración oceánica)

Es probable que hayas oído hablar de la respiración ujjayi o «aliento del océano» en alguna clase de yoga. También llamada «respiración de la cobra», esta práctica aporta energía al cuerpo mientras te calma y te ayuda a sentirte renovado y presente. El suave sonido que se emite nos da algo en lo que concentrarnos y actúa como un ancla para la mente. Esta es una de las razones por las que resulta una respiración fantástica durante la práctica del yoga.

Al respirar así durante toda la sesión, permanecerás presente, lleno de energía y tranquilo. La respiración que fluye también ayuda a tonificar los pulmones, regular la presión arterial y eliminar toxinas.

UTILIDAD

La pongo en práctica cuando estoy en un atasco o ante una situación estresante. Úsala cuando sientas crecer la ansiedad o cuando necesites enfocar la mente y volver a centrarte.

RESPIREMOS

En esta práctica, respirarás de la misma manera que lo haces para la respiración diafragmática, pero la diferencia es que contraerás ligeramente la parte posterior de la garganta. Como si fueras a susurrar, pero en lugar de salir palabras, el aliento sale por la nariz y la boca se cierra.

Otra forma de crear el sonido es imaginar que estás tratando de empañar un espejo con tu respiración. Una vez más, con la boca cerrada. Intenta empañarlo con la boca abierta, pero luego cierra la boca a mitad de la espiración.

- Respira profunda y suavemente por la nariz, sintiendo que la barriga se hincha de forma natural.

- Espira por la nariz.

- Descubrirás que alcanzas a contar mucho más de lo normal, así que extiende la aspiración y espiración a períodos de tiempo iguales.

- Comienza contando de cero a seis y hacia atrás. Es posible que acabes llegando a diez o más. También puedes optar por no contar, y concentrarte solo en aspiraciones y espiraciones completas.

- Para cambiar tu estado de ánimo: repite diez veces.

- Para mejorar la práctica: continúa durante 5-20 minutos.

NOTAS

- Al contraer la parte posterior de la garganta, se escapa menos aire, lo que nos permite alargar la respiración. Esta contracción crea un sonido audible, que a menudo se describe en los círculos de yoga como similar a las olas rompiendo en la orilla del océano, pero que en realidad recuerda más bien a Darth Vader.

Respiración de escalera

¿Alguna vez te cuesta dormirte porque te preocupa no dormir lo suficiente? El ciclo de ansiedad por el sueño es brutal, al igual que la neblina por privación de sueño que sigue.

Esta técnica proviene del experto en respiración Richie Bostock, y se propone el objetivo de alejarse de los pensamientos en espiral y concentrarse en la respiración.

A medida que alargues progresivamente tus aspiraciones y espiraciones, te concentrarás en la sensación que produce el cambio del sistema respiratorio. Al concentrarte en tus sentimientos y mantener la mente ocupada, el sistema nervioso se calma y te invade el sueño.

UTILIDAD

El objetivo es dormir y calmarse. Para aprovechar la técnica al máximo, prueba esta práctica acostado en la cama por la noche, listo para un buen descanso, o bien durante el día, cuando anheles la calma después de un momento de angustia emocional o conflicto.

RESPIREMOS

- Aspira lentamente por la nariz durante cuatro segundos.
- Espira lentamente por la nariz durante cuatro segundos.
- Luego, aspira por la nariz durante cinco segundos, y espira durante cinco segundos.
- Sigue aumentando la duración de las aspiraciones y espiraciones hasta que llegues a diez segundos. (No hay necesidad de llegar a los diez segundos si no te resulta cómodo.)

- Una vez que llegues a los diez segundos, puedes continuar respirando a este ritmo, ir aún más lejos o comenzar a bajar la escalera. Si optas por bajar la escalera, te recomiendo comenzar al menos desde seis.

Respiración 4-7-8

¿Persigues el escurridizo tren del sueño sin poder subir a bordo? He aquí un trabajo de respiración equivalente a un cuento antes de acostarte.

Es del famoso médico Andrew Weil, y según él ayuda a dormir en menos de un minuto.

PRECAUCIÓN

Evita esta técnica si estás embarazada (o sospechas que puedas estarlo). Si sufres problemas pulmonares, cardíacos, de vista u oído, hipertensión o presión arterial baja, consulta con tu médico. No siempre se recomienda practicar la retención de la respiración cuando existen problemas de salud o enfermedad mental. Consulta a tu equipo médico o terapeuta antes de realizarla.

UTILIDAD

Prueba esta práctica cuando estés inquieto y no puedas dormir antes de acostarte. Llévala a cabo acostado en la cama por la noche para calmarte y para despejar la mente al final de un día intenso.

RESPIREMOS

- Espira para vaciar bien los pulmones de aire.
- Aspira silenciosamente por la nariz, y con la barriga, durante cuatro segundos.
- Aguanta la respiración durante siete segundos.

- Espira con fuerza por la boca, frunciendo los labios y haciendo un sonido sibilante, durante ocho segundos.
- Repite el ciclo tres veces más para un total de cuatro respiraciones.

NOTAS

- Mientras hay quien da fe de la técnica de Weil y se queda dormido con una ronda de esta práctica, otros encuentran los siete segundos de retención de la respiración demasiado largos. Si bien la proporción es importante, el número total de segundos no lo es. Si te cuesta, reduce a la mitad las retenciones, por ejemplo, aspira 2 segundos, aguanta 3,5 segundos y espira 4 segundos. Aumenta el tiempo a medida que te sientas más cómodo.

Respiración 4:6

¿Eres propenso a ataques de pánico o tienes una mente hiperactiva? Esta es una práctica útil para tener a mano. Si bien es una de las técnicas más simples, también es una de las más poderosas. Cuando guío a un grupo con esta respiración, cada persona respira a su propio ritmo. Como está dirigido por uno mismo, es muy intuitiva. No hay necesidad de forzar nada.

UTILIDAD

Usa esta técnica para calmarte y poner los pies en la tierra. Ponla en práctica cuando necesites calmar una mente ansiosa, procesar sentimientos o emociones, o evitar un ataque de pánico en ciernes. Es tu ancla.

RESPIREMOS

- Adopta una posición sentada, con la columna vertebral estirada y los hombros y los brazos relajados.
- Respira profunda y suavemente por la nariz.
- Siente que la barriga se hincha de forma natural mientras cuentas hasta cuatro.
- Espira por la nariz mientras cuentas hasta seis.
- Para cambiar tu estado de ánimo: repite diez veces.
- Para mejorar la práctica: continúa durante 5-30 minutos.

NOTAS

- La clave consiste en alargar las espiraciones más que las aspiraciones. Adapta el número de segundos si lo deseas, para que te resulte cómodo, o no cuentes segundos y simplemente alarga la espiración.

Simhasana pranayama (respiración del león)

¿Listo para rugir? Esta técnica ayuda a liberar estrés, ira, frustración y energía estancada. A veces, sacar la lengua y rugir como un león es lo que necesitas para relajarte.

No darás muy buena impresión, sino un poco de miedo o risa, quizás, pero eso solo significa que lo estás haciendo bien. Al rendirte y dejar de lado la autoconciencia, también puedes aprender a desatar tu poder interior en otras áreas de la vida.

UTILIDAD

Considera esta práctica como un desahogo. Úsala para liberar tensión o emociones intensas. Es un reinicio y una forma de recuperar tu poder interior. Los que tienden a apretar los dientes, notarán que va de maravilla para aliviar la tensión facial.

RESPIREMOS

Esta práctica se puede hacer sentado, de pie o arrodillado con las nalgas sobre los talones. El profesor de yoga puede pedirte que te arrodilles, cruzando el tobillo derecho sobre el izquierdo, con el talón derecho presionando el perineo, las manos en los muslos, las yemas de los dedos apuntando hacia tu cuerpo. Sin embargo, la técnica sigue siendo efectiva en cualquier postura cómoda para ti.

- Elige una posición inicial.
- Coloca las manos sobre las rodillas, las palmas hacia abajo, y extiende los dedos.
- Aspira por la nariz.
- Abre la boca tanto como puedas, mira hacia el cielo bizqueando y sacando la lengua lo máximo que puedas, apuntando hacia la barbilla, y espira con fuerza. Mientras espiras, haz un sonido audible profundo de «ha». No seas tímido, estás expulsando energía no deseada, ¡así que asegúrate de sacarlo todo!
- Es posible que necesites una o dos respiraciones normales antes de repetir.
- Repite 4-6 veces más, o hasta que sientas que has encontrado la calma.
- Puede ser útil respirar con normalidad durante unos minutos después de la práctica, con los ojos cerrados.

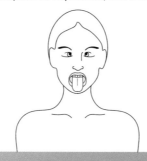

Kapalbhati pranayama (respiración de fuego)

Esta práctica es como un café con leche para los pulmones.

Esta técnica energizante se utiliza para limpiar las fosas nasales, la garganta y los pulmones. Al estimular tus órganos y ofrecer un suministro fresco de sangre rica en oxígeno al cerebro, te preparas para una mente más clara y aguda.

PRECAUCIÓN

Evita esta técnica si estás embarazada (o sospechas que puedas estarlo), tiene problemas pulmonares o cardíacos, presión arterial alta o baja, hernia, úlcera gástrica, epilepsia, hernia discal o te has sometido a una cirugía abdominal reciente. En caso de algún problema respiratorio preexistente, antecedentes de accidente vascular, glaucoma o cualquier duda, pregúntale a tu médico si es seguro intentarlo. Si sufres de problemas oculares o de los oídos, dolor lumbar, hemorragias nasales, migrañas o asma, también es mejor proceder con precaución.

No siempre se recomienda practicar la respiración rápida o intensa si existen problemas de salud o enfermedad mental.

Consulta a tu equipo médico o terapeuta antes de practicarla. Como se trata de una práctica estimulante, evítala antes de dormir, o si te sientes ansioso, irritable o agitado. Practica con el estómago vacío.

UTILIDAD

Usa esta técnica para iniciar el día o para remontar la tarde. Practícala por la mañana al levantarte de la cama o para mejorar tu estado de ánimo durante la tarde.

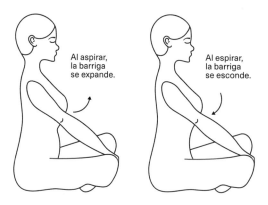

Al aspirar, la barriga se expande.

Al espirar, la barriga se esconde.

RESPIREMOS

- Siéntate cómodamente con la espalda recta. Aspira por la nariz.

- Fuerza la espiración por la nariz en una ráfaga corta mientras escondes simultáneamente la barriga.

- Después de espirar, relaja el estómago. La aspiración ocurrirá automáticamente.

- Practica veinte respiraciones rápidas sucesivas para completar una ronda.

- Después de la ronda, dedica un momento con los ojos cerrados a notar cualquier sensación en el cuerpo o cambio de estado de ánimo.

- Completa dos rondas más, acordándote de la pausa para reflexionar después de cada una.

NOTAS

- Presentamos esta práctica aquí, al comienzo del libro, porque es una forma efectiva de cambiar de estado. Sin embargo, se considera una técnica relativamente avanzada. Tómatela con calma y comienza poco a poco.

RESPIRACIÓN CONSCIENTE

Cuando nos detenemos y dedicamos un momento a la respiración, nos damos permiso para sentir más. Al sentir más, experimentamos y vivimos más plenamente.

Dos

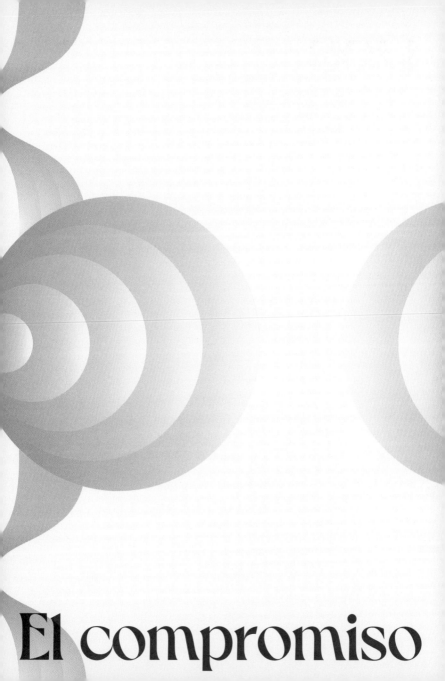

El compromiso

Hemos rozado la superficie. Ahora, avancemos para establecer una práctica regular de respiración. Al llegar aquí, te has comprometido con el proceso. Tómate un momento para celebrarlo, porque es el paso más importante. Estás fijando la intención de acercarte a ti mismo y explorar con curiosidad lo desconocido. Aquí es cuando la respiración se vuelve profundamente efectiva y cambia la vida.

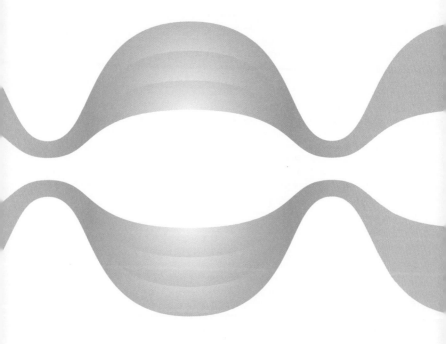

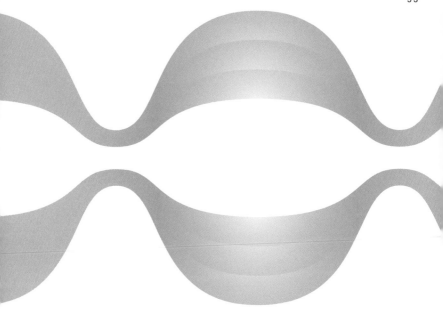

Cuando comencé a practicar conscientemente la respiración, estaba desconsolada. Mi ex y yo habíamos roto hacía poco, y yo iba en busca de curación. El trabajo de respiración me dio donde aferrarme. Me ayudó a remontar. En un estado vulnerable, tuve que afrontar mis sentimientos con la práctica. Sufría y sentía tan profundamente porque mi corazón estaba abierto de par en par.

EL COMPROMISO

Estás fijando la intención de
acercarte a ti mismo y explorar
con curiosidad lo desconocido.

Aquí es cuando la respiración se
vuelve profundamente efectiva
y cambia la vida.

La respiración me abrió los ojos. Comencé a mirar el mundo de forma distinta, con un nuevo filtro. Iba a la playa y sentía la arena entre los dedos de los pies de otra manera. Los colores eran más vivos. A medida que me despojaba de capas de entumecimiento, sintonizaba más con mi propósito. Estaba cambiando mi forma de reaccionar ante los demás y ante el mundo, y comencé a sentirme bien en mi propia piel.

Las técnicas del presente capítulo están diseñadas para realizarlas entre cinco y treinta minutos, o más, si estás dispuesto a ello. Como práctica de meditación, piden que te sientes y te comprometas. Pero tu estado durante estas técnicas probablemente será más presente, alerta y consciente que durante cualquier práctica anterior de atención plena.

Ten en cuenta que esto es una práctica. Al igual que cuando se intentan otras cosas por primera vez, habrá momentos de incomodidad o dificultad.

Ten paciencia contigo mismo y con tus reacciones, y recuerda que se trata de una exploración, no una competición.

Crear una base sólida

Estás a punto de equiparte con los cimientos que te prepararán para lo inesperado que te brinde la vida. Estas prácticas forman parte de tus jugadas a largo plazo, son un compromiso con tu estado mental y tu salud, y una opción para crecer y evolucionar conscientemente.

Esta promesa a ti mismo tendrá repercusiones en tu día a día. Habrá momentos a lo largo del día en los que tu atención ya no funcionará en piloto automático. Empezarás a notar aquello a lo que prestas atención y podrás decidir si deseas seguir concentrado en ello o centrarte en otra cosa. Entenderás que tú controlas tu cerebro y no al revés. Será menos probable que caigas en espirales de pensamiento negativo. Las antiguas provocaciones perderán fuerza e incluso pueden llegar a desaparecer. Tu mente se convertirá en un lugar más confortable.

Tu práctica fluirá con tu vida y tus prioridades. Es importante contar con ello. Mi propia práctica depende de lo que esté sucediendo en mi vida. Antes de tener a los niños, podía pasar cuarenta y cinco minutos respirando conscientemente y luego realizar algunas prácticas de expansión para retar a mi mente. Hoy, con dos niños pequeños, mi compromiso es más breve, pero sigue siendo firme. Sé la importancia de estas prácticas, y mi mente y mi cuerpo se apresuran a recordármelo si me pierdo una sesión o dos. A lo largo del día, si necesito cambiar mi estado de ánimo hago un par de respiraciones de la felicidad si me siento lenta o desanimada, respiraciones del león para liberar tensión mandibular y facial, respiraciones coherentes para traerme en presencia y entrenar los pulmones mientras mis hijos juegan en el parque, y movimientos de cadera antes del sexo para disparar mi libido. Mi ritual nocturno no cambia: siempre hago 10-15 minutos de meditación centrada en la respiración o el corazón al final del día. Cuando empieza el curso de mis hijos, mi rutina de respiración cambia nuevamente y retomo una práctica más profunda.

Entenderás que
tú controlas tu cerebro
y no al revés.

Las antiguas provocaciones
perderán fuerza e incluso
pueden llegar a desaparecer.
Tu mente se convertirá en un
lugar más confortable.

EL COMPROMISO

❖❖❖ *Progresa con paciencia*

La idea no es jadear por falta de aire ni forzar la respiración. Aumenta gradualmente las repeticiones, la duración de las retenciones y de la práctica. Es posible que nunca llegues a las prácticas más avanzadas del próximo capítulo, pero no pasa nada. Creo que honrar tu cuerpo es una experiencia de aprendizaje (y una práctica espiritual) aún más vital que forzarte para experimentar más. Avanza lenta y constantemente: esa es a menudo la mayor lección que debemos aprender.

Expresiones físicas de gratitud

Tu cuerpo te está profundamente agradecido durante una sesión de respiración. Cuanto más estudiaba, más consciente era de los beneficios físicos, porque los experimentaba, y al aumentar el conocimiento aumentaba la práctica. No solo me sentía increíble después de una sesión de respiración, sino que también sanaba mi cuerpo. Era más fuerte, mis pulmones estaban más limpios y eliminaba toxinas.

Esa es la gran razón por la que practico hoy. Sé lo bueno que es para mi cuerpo y mente. Puede que no tenga tiempo para una desintoxicación o una clase de yoga, pero siempre puedo respirar.

Estas son algunas de las formas en que tu cuerpo puede responder a lo largo de este viaje.

Cuando estamos estresados, contenemos la respiración o tensamos los músculos, lo cual hace que aumente nuestro ritmo cardíaco. Cuando conscientemente controlamos la respiración, ralentizamos los latidos del corazón y reducimos nuestros niveles de estrés. Esta respiración lenta y controlada se llama coherencia cardíaca. Un estudio realizado por el Centro Médico de la Universidad de Boston mostró niveles más bajos de citoquinas, relacionadas con la inflamación y el estrés, después de una respiración coherente. Una vez que conseguimos que nuestra respiración salga de su estado de estrés, le sigue el resto del sistema nervioso autónomo, creando una reacción calmante en cadena. Los estudios indican que, con la práctica regular, la coherencia cardíaca también puede ayudar a paliar la ansiedad y la depresión al mejorar los neurotransmisores de dopamina y serotonina.

EXPANDIR Y ELIMINAR

Para los pulmones, una sesión de respiración es muy parecida a un entrenamiento aeróbico para el corazón y los músculos. Estimula, fortalece y hace más eficiente el organismo. La respiración profunda ayuda a restaurar la función del diafragma y aumentar la capacidad pulmonar, mejorar la circulación, disminuir el estrés o la ansiedad y aumentar la calidad del sueño. La respiración estimula los ganglios para favorecer el drenaje linfático, y es un excelente desintoxicante. ¿Sabías que la respiración es la responsable de eliminar en torno al 70 por ciento de las toxinas del cuerpo? Esta información fue un gran motivador para continuar y profundizar mi práctica. Si no respiramos correctamente, el cuerpo debe trabajar horas extras para compensar y liberar esas toxinas.

LIDIAR CON LA DEPRESIÓN

La respiración puede ser una gran herramienta para controlar la depresión. A menudo se prescribe como terapia, y también se utiliza como complemento para mejorar los efectos de los antidepresivos. Una investigación realizada por la Universidad de Pensilvania descubrió que la práctica basada en la respiración de yoga sudarshan kriya ayuda a combatir la depresión en pacientes que no responden del todo a los antidepresivos. Tras realizar prácticas de respiración durante doce semanas, los participantes experimentaron una disminución de los síntomas, y sus resultados medios en la Escala de Calificación de Depresión de Hamilton (HDRS) se redujeron varios puntos.

LIDIAR CON EL DOLOR CRÓNICO

La respiración puede ayudar como alivio natural del dolor en los casos de enfermedades crónicas. Cuando padecemos dolor, la respiración se vuelve corta y superficial. Los pulmones no se llenan ni se vacían completamente, y quedan trazas de dióxido de carbono en ellos y un nivel inadecuado de oxígeno en el cuerpo. Esto imita los efectos de la hiperventilación y aumenta la sensación de dolor. Al disminuir la respiración, reducimos la actividad autónoma (la respuesta de lucha o huida basada en el miedo) y la sensación de dolor. Un estudio realizado por el Instituto Neurológico Barrow descubrió que la respiración ayudaba a disminuir drásticamente las puntuaciones de dolor en mujeres con fibromialgia crónica. Y cuanto más respiraban profundamente, más disminuía el dolor. Las prácticas también equipan a los enfermos de dolor crónico con herramientas para lidiar con el estrés y la ansiedad que a menudo acompaña sus dolencias.

Existe la idea de que el trauma no procesado se almacena no solo en el subconsciente o la mente consciente, sino también físicamente, en el cuerpo. Muchos adultos cargan con experiencias traumáticas de la infancia y del pasado que continúan despertando emociones, sufrimiento y dolor. Los efectos son instantáneos: palpitaciones, escalofríos, tensión y temblores, incluso dolor físico. Kelly Turner, doctora de la Universidad de California, ha pasado la última década investigando más de 1500 casos de remisión radical del cáncer en diez países. Sus estudios muestran que los pacientes con enfermedades terminales que han experimentado una remisión inesperada a menudo citan la liberación del estrés o el trauma emocional como un factor clave en su curación. Las prácticas de respiración son una forma de enfrentarnos a nuestros demonios, permitiéndonos acceder a ellos y liberar emociones atrapadas.

 Sonido para la calma

La música suave puede resultar útil durante la práctica para mantener la mente en el buen camino y elevar el estado de ánimo. Elige algo que no sea demasiado intenso o molesto: sugiero música instrumental. Opta por melodías inspiradoras y sublimes.

Acceder al niño interior

Muchos llevamos un niño interior herido. Ya sea porque nos criticaran por nuestros rasgos de personalidad a una edad temprana, no se nos diera el amor que buscábamos o no nos sintiéramos seguros en el entorno hogareño, este niño herido puede generar dolor interna y externamente en nuestras relaciones como adultos.

Al integrar la mente adulta y la mente infantil, puedes retroceder a las situaciones del pasado y reconectarte para que ambas avancen y trabajen juntas en armonía.

¿Qué le dirías a tu yo más joven si pudieras? A través de la respiración, es posible acceder a este espacio, crear esta conexión y liberar recuerdos dolorosos de tu pasado. Juntos podéis sanar.

Encuentra un espacio tranquilo donde no te interrumpan. Respira profundamente y evoca un recuerdo no resuelto. Observa los sentimientos que surgen: miedo, soledad, vergüenza. Sigue respirando y repite: «Estoy seguro de sentir mis emociones». Ahora, visualízate en la escena retrocediendo en el tiempo y consolando a tu yo más joven. Estás en paz, fuerte y lleno de amor. Imagina a tu yo joven bañado en una luz amarilla relajante. Si te apetece, extiende la mano y abrázale, o rodea su hombro con el brazo. Dile: «Estás a salvo. Eres amado. Me tienes aquí».

Repite las respiraciones profundas y la afirmación mientras la luz amarilla te baña con amor y protección.

Respirar por la nariz o respirar por la boca

Además de permitirnos detener a oler las rosas, la nariz humana fue diseñada para respirar. La boca, por otro lado, fue creada para comer, beber y hablar.

Pero hasta el 50 por ciento de los adultos respira por la boca, especialmente a primera hora de la mañana, y los riesgos adversos para la salud van en aumento. Cuando respiras por la boca, introduces aire sin filtrar en los pulmones, invitando a más gérmenes, polen y toxinas. El cuerpo pierde aproximadamente un 40 por ciento más de agua al respirar por la boca, lo cual favorece el mal aliento y la boca seca. También se usan los músculos respiratorios secundarios, como el pecho y los hombros, por lo que serás más propenso a activar las reacciones de estrés del cuerpo.

La nariz, por otro lado, filtra y humidifica el aire. Los estudios han demostrado que, en comparación con la bucal, la respiración por la nariz representa de un 10 a un 20 por ciento más de consumo de oxígeno. Aumenta el flujo de aire a las arterias y venas, mejora la capacidad pulmonar y fortalece el diafragma, todo mediante el uso de la forma de respiración correcta y natural. También se estimulan diferentes hormonas al respirar por la nariz, lo cual ayuda a disminuir la presión arterial, controlar el ritmo cardíaco y almacenar mejor los recuerdos.

❖❖❖ *Aislarse del ruido*

Ansia, estrés o cansancio nos entorpecen. Cuesta estarse quieto y levantar el ánimo a través de la meditación o el movimiento. La respiración puede romper esa dinámica. La función cognitiva está limitada al enfocarse en la respiración, por eso se silencia el barullo interior.

Comprender la resistencia

He notado un fenómeno inusual cuando se trata de prácticas de respiración. Aunque son relativamente simples, a veces puede ser difícil motivarnos para hacerlas.

¿Por qué es tan difícil hacer una pausa y dedicar diez minutos a la respiración? Incluso las prácticas más vigorosas no entrañan grandes dificultades físicas. Sin embargo, a muchos nos resulta más fácil motivarnos para diez minutos de ejercicio extenuante que sentarnos y respirar.

Cuando empecé, no había redes sociales ni teléfonos inteligentes. No tenía televisor. El ritmo actual, en comparación, hace más difícil ponerse en marcha. Pero como todos los buenos hábitos, una vez se da con el ritmo adecuado, ya no se renuncia.

Salir a correr contribuye al buen estado físico. Pues, si bien no puedo prometer abdominales tonificados ni un trasero prieto, personalmente doy fe de que la respiración es uno de los ejercicios más valiosos para las partes del cuerpo que no ves, como tus órganos y tu mente.

Es natural resistirnos a las prácticas que crean expansión. Aunque afirmamos querer cambiar, en realidad nos puede aterrar hacerlo. Apegarse al mismo nivel de conciencia nos parece más seguro. Las prácticas de respiración son una de las formas más rápidas de elevar nuestro estado, y en el fondo sabemos que eso significa un cambio de consciencia.

Además, cuando respiramos, nos exponemos a partes de nuestra psique que preferiríamos mantener enterradas: emociones, traumas, recuerdos o sombras de los que hemos estado huyendo inconscientemente. Puede ser un desafío sentarnos y escucharnos, sin distracciones ni un lugar donde escondernos.

Tal vez notes que la respiración te hace sentir más. Esto puede resultar aterrador para los que hemos estado evitándolo durante años. Y la forma en que se configuran nuestros estilos de vida no deja mucho espacio para ser más conscientes, sensibles o estimulados. La respiración puede abrirnos a un alcance más amplio de la experiencia humana, algo a lo que no estamos acostumbrados.

Es importante tener paciencia y proceder con delicadeza, al mismo tiempo que nos animamos a hacer el trabajo que nos libera de nuestro pasado y nos abre a una vida más plena. Así que profundiza y reconoce la resistencia a medida que surja. Observa las excusas que tu mente pone y verás que, cuando rompas la resistencia a la práctica, romperás la resistencia en la vida.

❁❁❁ *Tómalo con calma*

Estoy a favor de ir despacio. Vida lenta, besos lentos, moda lenta. Y al ralentizar la respiración, mejora la salud del cuerpo. La respiración lenta aumenta el suministro de oxígeno a las células aproximadamente un 20 por ciento, al incrementar la producción de óxido nítrico. Activa las terminaciones nerviosas de la parte inferior de los pulmones que estimulan el nervio vago, y calma el organismo. Además, la respiración diafragmática potencia la eficiencia respiratoria.

❁❁❁ *Controla el tiempo*

Utiliza el temporizador del móvil para cumplir el objetivo. Esto te permitirá abstraerte y adentrarte más profundamente sin estar pendiente del reloj. Determina el rato de dedicación y asegúrate de configurar la alarma con una melodía suave.

Observa las excusas
que tu mente pone y verás que,
cuando rompas la resistencia
a la práctica, romperás la
resistencia en la vida.

EL COMPROMISO

Alcanzar un estado donde fluir

Piensa en un momento en el que te hayas sentido completamente inmerso en una actividad. Tal vez mientras corrías, pintabas o durante una actuación en el escenario. Estabas profundamente enfocado y en armonía con tu tarea; el tiempo parecía ralentizarse y tus sentidos se intensificaban. Es lo que se llama estado de flujo.

El psicólogo Mihaly Csikszentmihalyi, quien acuñó el concepto, describe el flujo como «un estado en el que las personas están tan involucradas en una actividad que nada más parece importar; la experiencia es tan agradable que uno sigue, aunque cueste, por el simple hecho de seguir».

La respiración puede ayudar a alcanzar y mantener un estado de flujo. Debido a que entrenamos la mente para estar más tranquila, clara y contenta, creamos condiciones para reconocer cuándo estamos distraídos, para poder volver a centrarnos. Un estado de flujo es, en esencia, una meditación en movimiento.

La fuerza de las contracciones bandha

Un bandha es un bloqueo interno o contracción que se hace para retener tu energía, ya sea para intensificarla o redirigirla.

Los tres bloqueos a los que se hace referencia en este libro son: mula bandha, donde activamos y levantamos los músculos del perineo (como un ejercicio de Kegel), uddiyana bandha, donde dirigimos el ombligo hacia la columna vertebral, y jalandhara bandha, donde presionamos la barbilla firmemente contra el pecho, entre las clavículas, para cerrar firmemente la garganta.

La integración de estos bloqueos físicos en tu práctica probablemente ampliará la experiencia.

Preparar tu espacio

Una de las mejores cosas de la respiración es que puedes llevarla a cualquier parte. Solo necesitas los pulmones, y listo. Sin embargo, también puede ser beneficioso disponer de un espacio exclusivo, especialmente a medida que trabajas la práctica a diario. Cada día, construirás una resonancia psicológica y energética con tu zona zen personalizada. Con el tiempo, el cuerpo sabrá que cuando se sienta (o se pone en pie o se acuesta) en ese lugar, es hora de ponerse a trabajar. Quizás te sumas automáticamente en un estado más dichoso simplemente por estar allí.

Querrás que tu espacio le indique a tu cuerpo que es un lugar para ti, libre de interferencias externas. Asegúrate de minimizar cualquier posible distracción. Deja el móvil en otra habitación, en modo avión, y practica con tapones para los oídos si vives en un entorno ruidoso. Ten a mano una almohada, una colchoneta, una manta y tu diario de respiración. Tal vez puedas crear un pequeño altar para ritualizarlo un poco más. A mí me gusta tener una vela, un poco de incienso o un aceite esencial, y algo de la naturaleza: una flor, una piedra, una concha, un cristal o uno de cada.

El ritual, una serie de acciones por las que pasas antes de practicar, crea simbolismo. Esto indica a tu mente que algo especial está a punto de suceder. Practicar aproximadamente a la misma hora todos los días ayuda al cuerpo a coger un ritmo. Muchos maestros sugerirán la hora antes del amanecer, o justo después del atardecer. En mi caso, al encender mi vela, cuerpo y psique responden, dejando el parloteo interno mental, e instantáneamente me transporto a un espacio sublime.

Honrar la sabiduría de tu cuerpo

Resiste la tentación de activarte enseguida después de la sesión. Mantente inmerso en tu presencia, y deja que la energía se asiente y permanezca en el estado que has creado para ti. A veces, el final de la práctica puede ser el momento más profundo. Es como si tu mente supiera que no tienes nada que perder.

Compara cómo te sientes después con cómo te sentías antes de comenzar. Observa cualquier sensación física, por sutil que sea. Tal vez un zumbido en la coronilla o las piernas más ligeras. Simplemente observa sin juzgar. Cuando te levantes, no te apresures a empezar tu día. Muévete lentamente y con la intención de alargar los efectos de la práctica.

Lo que estamos haciendo aquí es desarrollar nuestra relación con el cuerpo y las emociones. Muchos hemos pasado años disociándonos y eludiendo la vida; tanto es así que ya no estamos presentes ante nosotros mismos. Es como si nos hubiéramos separado de nuestro cuerpo.

Cuando respiramos, atraemos la conciencia de vuelta a nuestro cuerpo. Cuando observamos, desarrollamos nuestra relación con nosotros mismos. El cuerpo posee una sabiduría innata. Se comunica constantemente con nosotros. Cuando estamos conectados con él, percibimos las señales, mensajes y banderas rojas que envía.

Al honrar la sabiduría del cuerpo, comenzarás a notar sus respuestas fisiológicas y físicas, en el acto. Cuando estás en pleno conflicto, es posible que reconozcas el momento en que tus emociones comienzan a desbordarte y podrás hacer una pausa para autorregularte. O, en el día a día, serás más consciente de cómo te mueves y adaptarás tu postura para evitar lesiones o tensión. Tal vez te vuelvas más intuitivo y detectes cómo te sientes después de tomar ciertos alimentos o vivir ciertas experiencias, y hagas cambios por el bien de tu salud. O, a medida que traes más conciencia a las sensaciones de tu cuerpo, puedes abrirte a una gama más amplia de estimulación sexual (profundizaremos en esto más adelante). Además, la fisiología a menudo revela nuestra verdad interior: nuestro sí o no se puede encontrar en la forma en que reaccionamos y respondemos físicamente, aun cuando no sea tan claro a nivel mental.

◉◉◉ Interrumpe el círculo

Recurre a estas prácticas para interrumpir un diálogo interno negativo o un pensamiento obsesivo. La mente puede contarnos historias que giran en ciclos de pensamiento interminables. Una práctica de respiración más larga puede ofrecernos claridad. Estas sesiones van más allá de un cambio rápido: restablecen la mentalidad y te preparan para seguir.

◉◉◉ Fija la mente

Si notas que te dejas llevar por el pensamiento durante las prácticas, vuelve suavemente a la respiración. No te reprendas cuando observes que tu conciencia se ha ausentado. Es natural que la mente divague. Al traerte de vuelta, una y otra vez, fortaleces tu camino neurológico de regreso a la presencia.

RESPIRACIÓN CONSCIENTE

Cuando respiramos,
atraemos la conciencia de
vuelta a nuestro cuerpo. Cuando
observamos, desarrollamos
nuestra relación con
nosotros mismos.

El compromiso: prácticas

Sama vritti pranayama (respiración cuadrada)

He aquí una manera de encontrar la calma en el caos. Esta técnica, favorita de los equipos especiales SEAL de la Marina de los Estados Unidos, calma la mente y propicia la entrada en un estado de flujo. Ayuda a las unidades militares de élite a concentrarse en una tarea sin distraerse con los obstáculos que afrontan.

PRECAUCIÓN

Si estás embarazada (o sospechas que puedes estarlo), sufres problemas pulmonares o cardíacos, presión arterial alta o baja o cualquier afección médica, consulta al médico antes de practicar esta técnica. No siempre se recomienda practicar la retención de la respiración cuando existen problemas de salud o enfermedad mental; consulta a tu equipo médico o terapeuta.

UTILIDAD

Recurre a esta respiración cuando necesites enfocar la mente o te estés preparando para una tarea compleja. Si te sientes estresado, ansioso o muy nervioso, puede conectarte a tierra mientras mantienes la mente alerta y lista para enfrentarse a lo que vaya a acontecer.

RESPIREMOS

- Siéntate en una posición cómoda y cierra los ojos.
- Aspira por la nariz con una respiración diafragmática y cuenta hasta cuatro.
- Contén la respiración durante cuatro segundos, con los músculos de la cara y el cuerpo relajados.
- Espira y cuenta hasta cuatro.
- Espera y cuenta hasta cuatro.
- Repite durante 3-30 minutos o más.

NOTAS

- ¿Quieres llevar la práctica a un nivel superior? Simplemente aumenta el conteo. Si lo haces, asegúrate de que la duración sea igual para los cuatro pasos, por ejemplo, aspirar y espirar contando hasta seis.
- Al contener lentamente la respiración, acumulas el nivel de dióxido de carbono en la sangre. Esto mejora la respuesta del nervio vago cuando espiras y estimula el sistema nervioso parasimpático, y se produce una sensación de relajación profunda.

Nadi shodhana (respiración alterna purificadora)

¿Te sientes agotado o fatigado? Es posible que sufras un bloqueo de energía. En sánscrito, esta práctica de control de la respiración yóguica se traduce como «respiración de limpieza de energía». Ayuda a liberar la tensión y apaciguar la mente, y acaba con el estrés.

Un estudio realizado en 2013 por el Instituto Jawaharlal de Educación e Investigación Médica de Postgrado descubrió que las personas que practicaban esta técnica durante treinta minutos, tres veces por semana, presentaban niveles reducidos de estrés y una mejora en la frecuencia cardíaca, la frecuencia respiratoria y la presión arterial.

PRECAUCIÓN

Aunque se considera una práctica relativamente suave, en caso de afección médica, consulta a tu médico antes de practicarla. En caso de duda, evita la retención de la respiración de esta práctica. No siempre se recomienda practicar la retención de la respiración cuando existen problemas de salud o enfermedad mental. Consulta a tu equipo médico o terapeuta antes de practicar.

UTILIDAD

Usa esta práctica cuando necesites crear equilibrio y calma mental. También puede ser una preparación útil para la meditación. Al tomar conciencia de la respiración, también favoreces que fluya más conciencia hacia otras áreas de tu día a día.

RESPIREMOS

- Siéntate en una posición cómoda con la columna vertebral recta.
- Coloca los dedos índice y medio entre las cejas o justo encima. Apoya el pulgar derecho sobre la fosa nasal derecha y el dedo anular sobre la fosa nasal izquierda. Cierra los ojos.
- Cierra la fosa nasal derecha con el pulgar.
- Aspira lenta y completamente a través de la fosa nasal izquierda.
- Bloquea ambas fosas nasales y realiza una breve pausa, conteniendo la respiración.
- Suelta la fosa nasal derecha y espira. Pausa. (Mantén la fosa nasal izquierda bloqueada con el dedo anular.)
- Aspira por la fosa nasal derecha.
- Bloquea ambas fosas nasales y realiza una pausa, conteniendo la respiración.
- Suelta la fosa nasal izquierda y espira. Pausa. (Mantén la fosa nasal derecha bloqueada con el pulgar.)
- Repite durante un máximo de diez ciclos completos.

EL COMPROMISO

Sigue a tu respiración

Considera esta técnica una forma de alivio interior, tu spa mental diario. Con ella, aprendemos a ralentizarlo todo. Nos entrenamos para sentirnos cómodos con la quietud y la amplitud de espacio.

La pausa entre las respiraciones es especial. Es como una puerta mágica a la presencia pura, a la nada. Notarás que no existe una personalidad específica en esa pausa. Es el espacio que subyace bajo de la superficie de todas las cosas: listas de tareas, tensión, dinero, estrés.

La pausa trae nuestra conciencia a nuestro interior y nos enseña a conocer ese espacio. Cuando añadimos esta cualidad al día a día, actúa como un portal que nos lleva más allá de nosotros mismos, hacia nuestro ser. Redirigimos la mente y los sentidos de lo externo hacia lo interno. Reunimos nuestra energía.

UTILIDAD

Usa esta técnica si anhelas estar más presente, ser más consciente de tus experiencias y sentirte más cómodo con el simple hecho de ser. A través de la práctica, comenzamos a notar que hacemos una pausa antes de explotar, reaccionar, tomarnos las cosas personalmente o autosabotearnos.

RESPIREMOS

- Siéntate en una posición cómoda. Cierra los ojos.
- Deja que todo tu cuerpo se relaje. Relaja de manera consciente los músculos de cuerpo y cara.
- Trae conciencia a tu respiración. No hay necesidad de cambiarla ni manipularla. Simplemente estamos observando.
- Observa la pausa natural entre las respiraciones.
- Repite durante 5-30 minutos o más.

NOTAS

- Tu mente de manera inevitable divagará. Cuando comiences a pensar en qué preparar para cenar o que debes enviar un correo electrónico, vuelve a respirar. No hace falta juzgar tus pensamientos ni a ti mismo por pensar: tu trabajo es simplemente notar cuándo te has desviado hacia el pensamiento y redirigirte hacia la respiración, una y otra vez. Al hacerlo, forjas, estableces y fortaleces la vía neurológica que te lleva de vuelta a la quietud. Domesticas a la bestia.
- Es habitual que esta técnica resulte difícil, no obstante créeme, vale la pena insistir. Con el tiempo, a medida que abres un camino hacia la quietud, esta práctica se convertirá en tu refugio.
- Habrá días en que la pongas en práctica y sientas que tu mente divaga todo el rato. Una vez más, no te regañes por ello. La práctica en tales ocasiones consiste en haberse presentado, en el acto mismo de iniciarla. No hay necesidad de juzgar la experiencia ni resistirte a ella.

Acompaña la respiración con un mantra o afirmación

En este caso, seguimos los mismos pasos que en la práctica anterior, pero añadimos un mantra o afirmación a la práctica. De este modo, enviamos un mensaje a nuestro subconsciente para crear un cambio poderoso.

RESPIREMOS

- Siéntate en una posición cómoda. Cierra los ojos.
- Deja que todo tu cuerpo se relaje. Relaja de manera consciente los músculos de cuerpo y cara.
- Trae conciencia a tu respiración. No hay necesidad de cambiarla ni manipularla. Simplemente estamos observando.
- Observa la pausa natural entre las respiraciones.
- Después de algunas respiraciones, comienza a repetir internamente tu mantra al ritmo de la respiración. Encuentra la pausa natural en la frase y ajústala a la pausa de la respiración. Por ejemplo, si tu afirmación dice «Estoy a salvo», fluiría así:
    - «Estoy...» (en la aspiración).
    - Pausa.
    - «... a salvo» (en la espiración).

Meditación centrada en el corazón

A menudo se nos dice que abramos nuestros corazones, que dejemos entrar el amor, que demos amor. He aquí una manera de aprovechar tu centro omnisciente.

En esta práctica focalizamos la atención en el centro del pecho, el alojamiento protector del corazón.

Muchas tradiciones consideran esta zona un centro energético. Los practicantes de esta técnica creen que es capaz de traer más salud y vitalidad a esta área, liberar el estrés acumulado ahí y abrirnos a sentir una gama más amplia de emociones.

UTILIDAD

Usa esta técnica para conectar con tu corazón y sus señales. Cuando estás en sintonía con las necesidades de tu corazón, es más probable que notes las señales cuando una respuesta vaya a ser un sí o un no. Comenzarás a tomar decisiones intuitivas desde tu núcleo centrado en el corazón, elecciones auténticamente tuyas.

RESPIREMOS

- Siéntate en una posición cómoda. Cierra los ojos.

- Deja que todo tu cuerpo se relaje. Relaja de manera consciente los músculos de cuerpo y cara.

- Lleva la conciencia y atención al centro de tu pecho. Observa una suave aspiración y espiración, y nota la pausa entre las respiraciones.

- Si tu mente se pone a divagar, llévala de vuelta al centro de tu pecho y de vuelta a la respiración.

- Continúa durante 10-30 minutos o más.

- Una vez termines la práctica, observa el cambio en tu estado y cualquier sensación que sientas en el centro de tu pecho. Tal vez podrías escribir un diario para conservar los resultados.

NOTAS

- Refuerza esta práctica agregando un mantra.
- Es común sentir sensaciones en el centro del pecho, o una amplificación de energía o sentimientos de calidez, amor y alegría a medida que se avanza con esta técnica. También puedes sentir una liberación de emociones dolorosas o recuerdos mantenidos inconscientemente aquí. Obsérvalo todo. Este es el trabajo.

Soplar las brasas del corazón

Sigamos focalizados en el centro del pecho. Esta técnica es la adaptación de una práctica de la tradición sufí, y es una de mis favoritas, tanto para enseñar como para practicar.

Al aumentar la sensación de intimidad con nosotros mismos, podemos traer energía y sanación emocional a esta parte de nuestro organismo. Mis alumnos a menudo afirman haber tenido una experiencia visceral, con fuertes sensaciones y liberaciones en este centro de energía.

UTILIDAD

Esta técnica ayuda a establecer una conexión con el corazón. Úsala para aumentar tu empatía y permitir que el corazón lo abrace todo. Puedes usarla para acentuar momentos alegres o recurrir a ella para ayudarte a superar las dificultades que puedan estar pesando sobre tu corazón.

RESPIREMOS

- Siéntate en una posición cómoda. Cierra los ojos.
- Deja que todo tu cuerpo se relaje. Relaja de manera consciente los músculos de cuerpo y cara.
- Lleva la conciencia y atención al centro de tu pecho. Observa una suave aspiración y espiración.
- Mientras aspiras, imagina que estás llevando energía al centro de tu pecho.
- Cuando exhales, mantén tu conciencia en el centro de tu pecho. Imagina que allí hay un montón de carbón caliente.
- Aspira otra vez, imaginando de nuevo que traes energía al centro del corazón. En la espiración, imagina que soplas sobre las brasas, avivándolas, de modo que arden y calientan.
- Cada aspiración baja la energía. Cada espiración sopla sobre las brasas y las aviva. Observa cualquier sensación que sientas en el pecho.
- Continúa durante 5-30 minutos o más.
- Al terminar, observa el cambio de tu estado y las sensaciones de tu pecho. Anótalas en un diario si lo deseas.

Sitali/sitkari pranayama
(respiración refrescante/siseante)

¿Te irritas con el calor o enrojeces de ira? Los antiguos yoguis descubrieron una práctica de enfriamiento para rebajar el calor en menos tiempo del que se tarda en beber un vaso de agua.

Esta práctica te ayuda a combatir el calor porque la aspiración se humedece al pasar por la «u» que forma la lengua enrollada, de modo que estás «bebiendo» aire saturado de agua.

Si no sabes curvar la lengua, salta a la opción sitkari de «siseo».

PRECAUCIÓN

Como estas prácticas reducen la temperatura corporal, es mejor evitarlas cuando hace frío. No las realices si sufres asma, bronquitis, problemas respiratorios, presión arterial baja, gripe, congestión, estreñimiento o exceso de mucosidad o flemas.

UTILIDAD

Considera esta técnica una inmersión en el océano un cálido día de verano. Úsala para bajar la temperatura corporal cuando haga calor o cuando estés enojado o enrojecido. El enfriamiento natural puede ayudar a calmarte y reducir la agitación.

RESPIREMOS: SITALI PRANAYAMA

- Siéntate cómodamente con la columna vertebral neutra. Respira con naturalidad unas cuantas veces para conectarte a tierra.

- Enrolla la lengua, sacándola un poco fuera de la boca. Aspira a través del túnel que forma la lengua, prestando atención al efecto de enfriamiento en la boca, la garganta y el torso.

- Relaja la lengua a su estado natural, cierra la boca y espira por la nariz.

- Repite los dos últimos pasos hasta dos minutos y nota el efecto de enfriamiento.

RESPIREMOS: SITKARI PRANAYAMA

- Siéntate cómodamente con la columna vertebral neutra. Respira con naturalidad unas cuantas veces para conectarte a tierra.

- Junta los dientes superiores e inferiores, manteniendo los labios abiertos tanto como puedas. Aspira a través de los dientes cerrados emitiendo un suave seseo.

- Deja de apretar los dientes y cierra la boca mientras espiras por la nariz.

- Repite los dos últimos pasos hasta dos minutos y nota el efecto de enfriamiento.

Nuestro cuerpo
posee una sabiduría
innata. Se comunica
constantemente con
nosotros. Cuando
estamos conectados
con él, percibimos las
señales, mensajes
y banderas rojas
que envía.

EL COMPROMISO

Tres

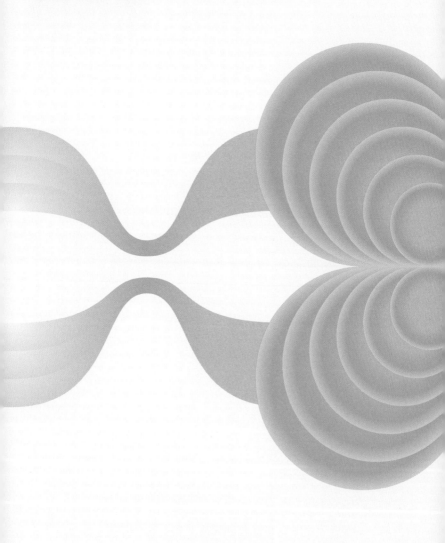

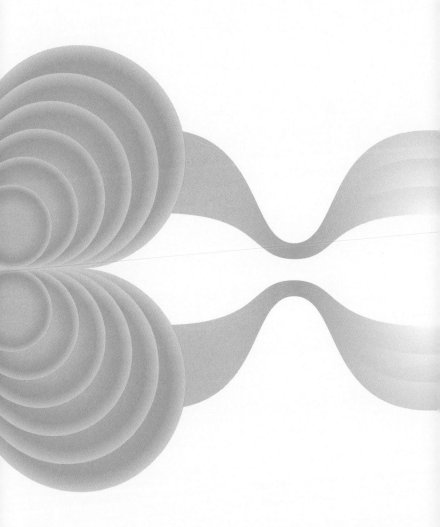

La expansión

¿Listo para despegar? Estas prácticas te harán volar. Van a ayudarte a encontrar tu flujo, espolear tu creatividad, acceder a tu ser superior y aprovechar tu verdad interior. Elevarán tu nivel de conciencia diario y ofrecerán revelaciones más allá de tu percepción ordinaria.

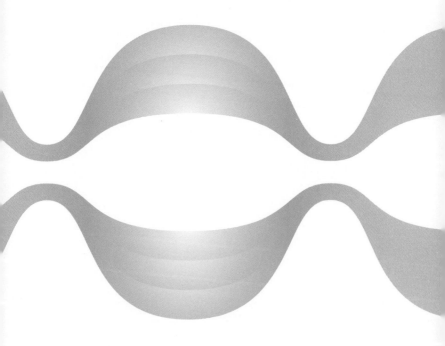

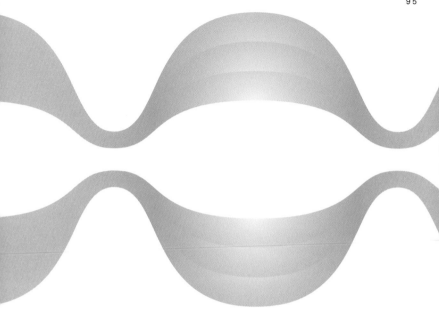

Piensa en cuándo aparecen tus mejores ideas o momentos de inspiración. Por lo general, es cuando estás en la ducha, cuando te despiertas o cuando te duermes. Tal vez estés paseando o sentado y meditando. La solución o idea surge de repente, como de la nada.

Esto sucede porque estás relajado, profundamente presente o en un estado alterado. Aquí encontramos nuestra guía interna, aprovechamos la intuición y desbloqueamos nuestro flujo creativo. Estas prácticas están diseñadas para llevarte a ese ansiado punto, para suspender la actividad mental habitual y disponerte en el mejor estado para recibir ideas de tu ser superior.

Nuestra conciencia ordinaria representa sólo una pequeña selección de lo que la mente es capaz de percibir. Para centrarse en la supervivencia, el cerebro es selectivo, actúa como un filtro para reducir la avalancha de información disponible y mantenerse enfocado en el tipo de conciencia que necesitamos para mantenernos vivos. Todo es muy convencional... hasta que recorremos el camino hacia la expansión.

●●● *¿Necesitas tomar una decisión?*

Cuando estás en una encrucijada, tu ser superior sabe más. Las técnicas de expansión están particularmente indicadas para llevarte a un estado alterado y despejar tu mente. Dedica un momento a sentarte en silencio, haz algunas respiraciones y luego una pausa. Hazte la pregunta sobre tu decisión. Espera a sentir un sí o un no. Tu sabiduría innata es inmensa. Si necesitas tomar una decisión en el acto, o estás en compañía y debes hacerlo discretamente, unas respiraciones diafragmáticas y una pausa pueden ayudarte.

●●● *¿En busca de la creatividad?*

Tanto si estás mirando tu pantalla como luchando contra el bloqueo del escritor, emplea tu respiración para desbloquear tu creatividad interior. La respiración puede dejar que una solución creativa se revele en un momento en que parece que no hay opciones. Respira y da con lo que buscas.

Estas prácticas
están diseñadas para
llevarte a ese ansiado
punto, para suspender la
actividad mental habitual
y disponerte en el mejor
estado para recibir ideas
de tu ser superior.

Un «viaje» natural

Estas técnicas a veces provocan euforia o sensaciones embriagadoras similares a las de un subidón químico. Una nueva investigación ha descubierto que la respiración posee el potencial de generar una actividad de ondas cerebrales comparable a la producida por los psicodélicos. A través de la respiración, podemos entrar en estados y abrir puertas de acceso a la mente, igual que lo hacen las drogas, pero sin el bajón. La respiración accede a los mismos receptores cerebrales, de forma natural.

Tal vez notes la sensación de un viaje, o sientas que flotas, ruedas, te expandes. Ves colores psicodélicos, imágenes o visiones, o pierdes la noción de tu cuerpo físico o tu nombre.

He vivido experiencias apacibles con estas técnicas y otras más salvajes, en el buen sentido. Una vez, mi cuerpo estaba firmemente arraigado al suelo, pero mi mente volaba por el cosmos con las formas y colores más vibrantes. Los demás estudiantes habían abandonado la sala cuando recuperé la conciencia y sollocé frente a mi maestro. Fue una verdadera liberación.

También he visto los resultados en mis estudiantes, en directo. He presenciado orgasmos energéticos y epifanías alucinantes. Mis alumnos me han contado experiencias de una profunda catarsis emocional de dolores enquistados o conexiones completas con el cosmos. Es absolutamente increíble y gratificante ofrecer un espacio para que tengan lugar estos cambios.

A través de la
respiración, podemos
entrar en estados y abrir
puertas de acceso a la
mente, igual que lo hacen
las drogas, pero sin
el bajón.

Después, mis estudiantes me cuentan el alivio que sienten de la ansiedad crónica o la depresión, por primera vez en años, o que las prácticas los han ayudado a superar la adicción a las drogas o sobreponerse a la fatiga. Otros, como si se tratase de un regreso a casa, comienzan a sentirse completos y conectados consigo mismos.

●●● *Alinea cuerpo y mente*

Muchos maestros sugieren que cuerpo y mente se preparen antes de participar en prácticas intensas de pranayama. Se recomienda una dieta sana, una mente estable y ejercicio físico, como el yoga, que mantiene el cuerpo en equilibrio. También evitar el consumo de alcohol, drogas y tabaco. Las prácticas de pranayama pueden aportar mucha energía al organismo, que, cuanto mejor se encuentre, mejor equipado estará para integrar la práctica y obtener resultados. Si sientes que tu estilo de vida no es adecuado o no está listo para esta energía extra, te sugiero que sigas con las técnicas de los primeros capítulos.

Libera tus sentidos

Un estudio reciente ha descubierto que la respiración soma, una técnica diseñada por Niraj Naik basada en las técnicas básicas de respiración del pranayama, puede crear un predominio significativo de frecuencias gamma en la Red de Modo por Defecto (DMN) y otras partes del cerebro. Las ondas cerebrales gamma se asocian al pensamiento altamente inspirado y a los estados de conciencia de flujo máximo, como los de los monjes tibetanos. En resumen, tus sentidos se liberan. Las investigaciones sobre la respiración holotrópica, una técnica desarrollada en los años setenta por el doctor Stanislav Grof, han descubierto que es capaz de elevar los niveles de autoconciencia y ayudar a modificar positivamente el temperamento y desarrollar el carácter. Las personas que la practicaban con regularidad mostraron menos tendencia a ser dependientes, dominantes y hostiles.

RESPIRACIÓN CONSCIENTE

He presenciado
orgasmos energéticos
y epifanías alucinantes.
Mis alumnos me han contado
experiencias de una profunda
catarsis emocional de dolores
enquistados o conexiones
completas con el cosmos.

Iniciar la expansión

Las técnicas de expansión son más rigurosas que las prácticas para el cambio y más intensas que las técnicas de compromiso. Debido a su nivel de intensidad, muchas están diseñadas para ser realizadas por un período de tiempo más corto. Son la preparación perfecta para tu sesión de meditación o yoga, ya que pueden catapultarte al estado que de otro modo podrías tardar toda la práctica en alcanzar. Pueden ayudar a maximizar el esfuerzo de la sesión y la profundidad de la práctica.

Antes de continuar, quiero dejar claro que algunas de estas prácticas realmente pueden estimularte. Para algunos, eso puede no ser lo que necesitan en este momento. Muchos nos movemos a un ritmo intenso y estamos sobreestimulados. Tal vez estés en un período de agotamiento, fatiga suprarrenal, falta de conexión a tierra o un poco ansioso. Es comprensible: la cultura en la que vivimos no es exactamente lenta. Si te sientes así, te sugiero que te quedes con las prácticas más fundamentadas del capítulo dedicado al compromiso. Afianza tu práctica con comodidad antes de buscar más intensidad.

Además, muchas personas arrastran traumas que siguen vivos en su sistema. Una vez más, hay que ir poco a poco y centrarse en las prácticas de los dos primeros capítulos. Si tu curiosidad por las técnicas de expansión supera mi consejo, asegúrate de ir *despacio* y comenzar con una ronda de cada práctica. Realiza una pausa y observa los efectos, tanto en el momento como en los días siguientes.

Si este no es tu caso y crees que estás listo para continuar, puedes optar por elegir una práctica de expansión como práctica diaria. El compromiso diario, especialmente a primera hora de la mañana, podría cambiar completamente tu día. ¡Hola, día positivo! Algunas de estas prácticas son las herramientas más poderosas a tu alcance para cambiar de estado, y la mejor manera de recibir resultados directamente de tu ser superior.

Cuidado con buscar el subidón

He mencionado que la respiración puede provocar experiencias similares al consumo de drogas. No persigas ese efecto. La dependencia de un resultado se interpondrá en el camino de tu experiencia. Abandona las expectativas o serás transportado de vuelta a la mente ordinaria.

●●● *Comienza a primera hora*

Ni siquiera has de levantarte de la cama por la mañana para preparar tu día para el éxito. Elige una práctica de cambio, compromiso o expansión y llévala a cabo en cuanto abras los ojos —o pasa del edredón directamente a tu espacio de práctica—. Para mantener las vibraciones altas, fija intervalos regulares a lo largo del día para repetir las prácticas. Un breve repaso amplificará aún más los esfuerzos matutinos.

●●● *Mantente presente*

Usa la respiración antes de una decisión o experiencia. La respiración revela tu ser más elevado y consciente. Antes de una conferencia, realizo unas cuantas respiraciones 5:5 detrás del escenario. Esto me prepara para ser un canal más claro. Antes de escribir, enciendo una vela y quemo incienso, luego me detengo, practico unas respiraciones de la felicidad y me concentro en un profundo estado de presencia.

No persigas el subidón.
La dependencia de un
resultado se interpondrá
en el camino de tu
experiencia.

Abandona las
expectativas o serás
transportado de vuelta
a la mente ordinaria.

Diferentes tipologías

Habrá muchas reacciones diferentes a las mismas prácticas.
He enseñado estas técnicas a miles de personas con distintos
resultados. Una persona puede sentir una profunda sensación
de calma y paz, mientras que otra puede ver imágenes coloridas
y sentirse en otra dimensión. Una persona experimenta una
respuesta catártica emocional, mientras que otra no siente nada en
absoluto. Los distintos tipos de cuerpo, niveles de sensibilidad y
personalidades responderán naturalmente de formas diferentes.

Es importante reiterarlo: la comparación con otro solo
obstaculizará tu experiencia. Que el efecto de tu práctica sea
limitado no refleja tu nivel de conciencia. Tal vez tengas una
personalidad más arraigada y menos sensible. Del mismo modo,
que experimentes un viaje en una montaña rusa salvaje y visual
a través del cosmos no te convierte en gurú espiritual. Es posible
que tu sistema sea supersensible y más visual. El ego se inmiscuye
al evaluar de un modo u otro tu experiencia. Simplemente observa
los efectos de tu práctica y contémplalos desde un punto de vista
neutral.

❯❯❯ *Soluciones en sinergia*

¿Te sientes encallado? Combina una práctica de expansión
con la técnica de respiración. No trates de encontrar una
solución. En su lugar, simplemente permanece presente y
confía en el proceso.

Mejor sexo con la respiración

¿Quieres sexo realmente bueno? Hace falta algo más que meterte en la cama. Debes salir de tu cabeza.

Gran parte de lo que hace que el sexo funcione bien (o no) se relaciona con nuestra mente, emociones y energía. ¿Alguna vez has intentado practicarlo estando estresado? ¿O te has sentido desconectado, molesto o cohibido durante un encuentro sexual? Hay una razón por la cual el sexo no fluye cuando tu mente está en otra parte.

En momentos de estrés, funcionamos en modo de lucha o huida. En este estado, nuestro organismo prioriza la supervivencia sobre la procreación. El cuerpo prioriza las funciones que son más importantes para la supervivencia, al tiempo que reduce las menos esenciales, como el sexo.

Si tu mente está ocupada, es difícil concentrarte en tu excitación y reconocer sensaciones placenteras. Esto a menudo evita que ocurra el orgasmo. Simplemente no hay buen sexo con una mente desconcentrada.

Como ya sabemos, ciertas prácticas de respiración pueden ser calmantes. Nos ayudan a disminuir el estrés, manejar las emociones, enfocar la mente y traernos al momento presente. Y cuando la mente está presente y el cuerpo relajado, nos volvemos más conscientes de las sensaciones sutiles y el placer. Nos sumergimos en la experiencia y somos más conscientes de nuestra pareja. Nos leemos a nosotros y a ellos.

Las prácticas de respiración aumentan el flujo sanguíneo. Un aumento del flujo sanguíneo a los genitales aumenta el volumen de los órganos sexuales masculinos y femeninos, y aumenta el placer.

Hay muchos trucos,
consejos y juguetes
diseñados para mejorar
el sexo, pero ya dispones
de tus mayores activos:
tu cuerpo, mente y energía.

Así que empieza a respirar,
por el bien del sexo.

Por otro lado, la respiración también ayuda a retrasar el clímax. Para los que sienten demasiado placer y energía, y desean alargar su experiencia, las técnicas de respiración pueden ayudar a relajar el cuerpo y repartir la energía sexual por todo el organismo. De esta manera, el placer ya no está tan localizado. Es más probable que así se produzcan orgasmos del cuerpo entero y aumente la capacidad de orgasmos múltiples, en cuerpos masculinos o femeninos.

El sexo nos saca de nuestra cabeza, nos lleva a nuestro cuerpo y al momento presente. La respiración puede aumentar nuestros niveles de placer, ampliar la capacidad orgásmica y resistencia en el dormitorio. Hay muchos trucos, consejos y juguetes diseñados para mejorar el sexo, pero ya dispones de tus mayores activos: tu cuerpo, mente y energía. Así que empieza a respirar, por el bien del sexo.

OBSERVA LA RESPIRACIÓN

Contenemos la respiración cuando estamos bajo estrés, ilusionados, durante la actividad física o cuando nos esforzamos por lograr un objetivo. Contener la respiración durante las relaciones sexuales limita el flujo de oxígeno renovado por el organismo, lo cual limita la experiencia. Es una reacción increíblemente común, en especial a medida que nos acercamos al orgasmo. Por eso, el primer paso es preguntarse: ¿estoy respirando?

EVITA UNA ACTITUD ENFOCADA A UN OBJETIVO

Centrarse en alcanzar o retrasar el orgasmo (aguantar por aguantar) te alejará de lo que sucede en el momento presente. La respiración nos ayuda a pasar de una mentalidad de hacer a una mentalidad de ser. En una mentalidad de ser, somos más receptivos, abiertos y conscientes del cuerpo. Esto nos permite experimentar el placer del viaje y olvidarnos del destino (y la presión).

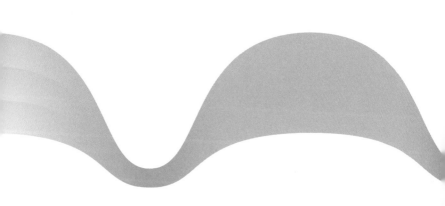

RESPIRACIÓN CONSCIENTE

Ya has aprendido la técnica, ahora es el momento de llevarla al dormitorio. La próxima vez que tengas relaciones sexuales, intenta respirar profundamente con el abdomen. Aspira, cuenta hasta cuatro, luego espira y cuenta hasta cuatro (pero no te concentres demasiado en contar). Trata de mantener este ritmo durante todo el encuentro, especialmente cuando te notes cerca y durante el orgasmo. Al respirar así, fomentas el flujo sanguíneo a los genitales y repartes la energía sexual por todo el organismo. Esto puede provocar una sensación de euforia durante el sexo. También puede crear más contracciones orgásmicas y más fuertes, y extender el orgasmo por todo el cuerpo.

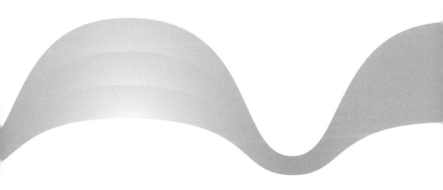

IMAGINA UNA SESIÓN DE SEXO

Ponte la mano sobre la barriga. Aspira y cuenta hasta cuatro o cinco, luego espira y cuenta hasta cuatro o cinco. Siente el movimiento del abdomen al aspirar y su relajación al espirar. Ahora imagínate respirando así (sin la mano en el vientre) durante el sexo, justo antes y durante el orgasmo. Es así de simple.

¿DESEAS MÁS PLACER?

Centra toda tu conciencia en tus genitales mientras respiras así. Te estás concentrando para acumular la energía en esta zona. Creas un punto caliente.

¿DESEAS DURAR MÁS?

Si ya estás sintiendo mucho placer, imagina que repartes la energía de tus genitales por todo tu cuerpo. Puedes concentrarte en un área específica, como la coronilla, las yemas de los dedos o el corazón. Esta técnica puede ayudarte a prolongar la sesión y a relajarte. También puede provocar un orgasmo de cuerpo entero o, en cuerpos masculinos, un orgasmo no eyaculatorio. Este tipo de orgasmo permite continuar con la actividad sexual y, potencialmente, experimentar múltiples orgasmos.

Aúna tu respiración con la de tu pareja,
aspirando y espirando simultáneamente.
Se ha demostrado que cuando respiramos
juntos, nos sincronizamos. Al sincronizarnos,
es más probable que leamos a nuestra pareja
e intuitivamente encontremos nuestro flujo
sexual juntos.

A SOLAS

Familiarízate con las técnicas y curiosea por las
reacciones de tu cuerpo practicando las técnicas
anteriores a solas.

¿Has oído hablar de los orgasmos a través de la respiración?

Cuando organizo una clase o taller, es raro
que nadie llegue a un orgasmo. He enseñado
sexualidad consciente y prácticas de yoga
basadas en la energía a miles de estudiantes,
y es alucinante lo que yo y otros maestros
presenciamos durante estas sesiones. Enseñamos
a las personas cómo acceder a sus cuerpos para
tener experiencias orgásmicas, sin contacto. He
observado salas enteras llegar al orgasmo, cientos
de personas. Es como accionar un interruptor: los
cuerpos se ondulan, se mueven, vibran.

Pero estos no son los orgasmos que la mayoría de nosotros atribuiríamos al sexo. La mejor manera de describirlos es como orgasmos energéticos. Mis estudiantes (junto con muchos otros en todo el mundo) llaman a esta experiencia un orgasmo respiratorio u orgasmo yogui. No se siente en el clítoris, por ejemplo, sino en todo el cuerpo.

Algunos de ellos hablan de un placer y sensualidad increíbles, mientras que otros afirman que experimentaron un estado de unidad consigo mismos y con el universo. La respiración les da la capacidad de acceder a una parte de sí mismos y su psique generalmente inalcanzable en la vida cotidiana.

He tenido estudiantes que me cuentan que estas prácticas han despertado su vida sexual. Pasaron de tener lo que consideraban sexo «normal» a acceder a un nuevo nivel de energía orgásmica. Algunos dicen haber mantenido un orgasmo durante una hora. Se expandieron.

Adelante con los orgasmos respiratorios

Durante la práctica de respiración, puedes comenzar a sentirte bien, realmente bien. Es posible que experimentes algo que acostumbra a sucederte solo durante un encuentro sexual.

Los orgasmos respiratorios pueden parecerse a un orgasmo normal, pero en lugar de experimentar una liberación o pérdida de energía, a menudo generan energía. Se expresan de formas diferentes, y con frecuencia son el resultado de una gran cantidad de energía que se mueve en el cuerpo. Pueden notarse físicamente intensos y, a veces, acompañados de sonidos orgásmicos o expresiones físicas como arqueamiento de la espalda, temblores corporales, aumento de la frecuencia cardíaca, puños cerrados e impulsos de energía.

No juzgues ni persigas la experiencia si sucede; simplemente disfruta de ella. Si en algún momento te parece excesiva, abre los ojos, pon los pies en el suelo, reduce la velocidad de espiración y vuelve a la tierra.

La expansión: prácticas

Maha yoga pranayama (respiración grande o completa)

Este ejercicio global podría encontrarse en cualquiera de los capítulos del presente libro, pero la oportunidad de expandirse lo trae aquí. Úsalo para cambiar de estado, y encontrarás un gran beneficio al realizarlo como práctica regular. Muchos estudiantes afirman que les da sensación de expansión y una mente tranquila. Ofrece un buen entrenamiento del diafragma, los pulmones y los músculos circundantes.

PRECAUCIÓN

Aunque a menudo se considera más bien suave, en caso de afecciones médicas, consulta a tu médico antes de practicar esta técnica. En caso de duda, evita la retención de la respiración al llevarla a cabo. Esta técnica es más potente si se realizan más repeticiones. No siempre se recomienda practicar la retención de la respiración o pranayama fuerte si se padecen problemas de salud o enfermedad mental. Consulta a tu equipo médico o terapeuta antes de practicar.

UTILIDAD

Esta práctica es un poco menos intensa que otras del capítulo de expansión, por lo que está indicada para comenzar. Te abrirás a los beneficios físicos de estas respiraciones completas, mientras entrenas a tu cuerpo para que comience a hacerlo de forma natural. Mentalmente, es una meditación en movimiento, ancla la mente con un suave movimiento rítmico.

RESPIREMOS

Estarás aspirando conscientemente hacia tres partes diferentes del cuerpo con cada aspiración: la barriga, el pecho y las clavículas. Al principio puede ser útil colocar las manos en estas partes, pero enseguida podrás practicar sin las manos.

- Siéntate o acuéstate cómodamente y cierra los ojos.
- Deja que todo el cuerpo se relaje. Relaja de manera consciente los músculos de cuerpo y cara.
- Coloca ambas manos sobre la barriga, un poco por debajo del ombligo.
- Espira toda la respiración por la boca.
- Aspira por la nariz, hacia tres partes del cuerpo:
    - La primera parte de la respiración te lleva a la barriga, siente cómo se expande.
    - La siguiente parte de la respiración te lleva al pecho, siente cómo se expande.
    - La parte final de la respiración te lleva directamente a las clavículas: siente cómo se eleva todo el esternón mientras inspiras hasta la última bocanada de aire del ambiente que te rodea.
- Relaja los hombros, contén la respiración un momento (o más tiempo si te resulta cómodo).
- Suavemente, lentamente, espira por la boca.
- Sigue repitiendo la práctica, buscando un ritmo. Barriga, pecho, clavículas. Levanta los hombros. Deja caer los hombros. Aguanta la respiración.
- Practica tanto rato como te plazca.

aspira

espira

NOTAS

- Elige la duración de contención de la respiración. A algunas personas les gusta mantenerla brevemente; a otras, mucho más tiempo. Es un buen momento para repetir un mantra o afirmación interna, o centrarse en un punto central de energía, como el pecho. Tu cuerpo está repleto de energía, por lo que es una oportunidad ideal para dirigirla.

- Si las repeticiones te cansan, aspira y espira con normalidad entre una respiración técnica y la siguiente.

- Esta práctica puede resultar un poco incómoda al principio, mientras se consigue juntar todos los pasos y crear más espacio en el cuerpo físico. Con la práctica, se hace más fácil y encontrarás tu ritmo.

Uddiyana bandha (bloqueo energético con elevación del diafragma)

En sánscrito, *uddiyana* significa «volar» o «levantarse», y esta práctica definitivamente me hace sentir como si volara. Fortalece los músculos abdominales y el diafragma, desintoxica, tonifica y estimula los órganos internos, mejora la digestión y estimula la circulación sanguínea. Es muy útil para un cambio de humor.

Hay varias maneras de enseñar esta práctica. Esta versión es la que personalmente he encontrado más efectiva. Sigue los pasos meticulosamente para obtener sus beneficios.

PRECAUCIÓN

Evita esta técnica si estás embarazada (o sospechas que puedes estarlo), sufres problemas pulmonares o cardíacos, presión arterial alta o baja, hernia, úlcera gástrica, epilepsia, vértigo, glaucoma, antecedentes de accidente vascular o si te has sometido a una operación quirúrgica abdominal o padeces hernia discal. Debes proceder con cuidado si tiendes a sangrar por la nariz, sufres migrañas, asma, dolor lumbar o problemas médicos oculares o del oído. No siempre se recomienda practicar la retención de la respiración cuando existen problemas de salud o enfermedad mental; consulta a tu equipo médico o terapeuta. Dado que se trata de una técnica estimulante, evita su práctica antes de acostarte. Realízala con el estómago vacío.

UTILIDAD

¿Te sientes frustrado, irritado, ansioso, enojado o desmotivado? Ponte en posición y realiza unas repeticiones de esta técnica y es probable que termines viendo las cosas de forma distinta. Si has comenzado a percibir energía en tu cuerpo, es posible que notes que esta energía se refina, como si se elevara y cambiara.

Esta práctica también ayuda a reducir un exceso de tensión sexual, trasladando la energía desde un punto localizado del cuerpo hacia todo el organismo. Se puede usar antes o durante el sexo para prolongarlo y puede favorecer orgasmos de cuerpo entero. Úsala antes de la meditación centrar y aclarar la mente.

Con tantas ventajas, ¿entiendes por qué me encanta?

RESPIREMOS

- Ponte de pie con los pies paralelos, un poco más separados que el ancho de la cadera. Dobla las rodillas y coloca las palmas de las manos sobre los muslos, justo por encima de las rodillas, con los dedos apuntando hacia adentro. Todo el peso del torso debe caer sobre los brazos, y el abdomen quedar relajado.

- Aspira suavemente, luego espira fuertemente a través de los labios fruncidos, expulsando hasta la última bocanada de aire de los pulmones.

- Es importante que queden completamente vacíos.

- No inhales. Echa la barriga hacia adentro y hacia arriba, lo más cerca posible de la columna vertebral. Las costillas se extenderán y el abdomen se hundirá. Este bloqueo es donde reside el verdadero poder de esta técnica. Aguanta aquí todo el tiempo que puedas. Para empezar, de 5 a 15 segundos. Cuanto más practiques esta técnica, más tiempo aguantarás. Asegúrate de no aspirar al hundir el estómago hacia dentro.

- Libera la barriga completamente. Es importante liberarla antes de aspirar. Una vez que liberada, aspira suavemente por la nariz.

- Mantén los ojos cerrados y aguanta la respiración cuanto puedas. Es el momento para la atención plena a las sensaciones que experimentes; repite un mantra o afirmación, o concéntrate en un centro de energía.

- Espira suavemente por la boca. Has completado una repetición. Realiza una o más respiraciones normales antes de la siguiente. También puede ser útil enderezarte de pie entre repeticiones para aliviar la presión en las muñecas.

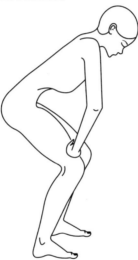

NOTAS

- Escucha a tu cuerpo y su capacidad para esta práctica. Lleva a cabo cinco repeticiones para cambiar tu estado, o diez o más para sentir que comienzas a expandirte a un nuevo estado. Yo utilizo esta práctica en mis clases de yoga junto con ritmos tecno explosivos para ayudar a mis estudiantes a encontrar su subidón. Tú eliges.

MODIFICACIÓN

Esta práctica también se puede hacer sentado. Siéntate
cómodamente. Cuando exhales fuertemente, coloca
las manos en el suelo para apoyarte. Cuando hundas
la barriga, endereza la columna vertebral y las manos
volverán naturalmente a las rodillas. Continúa con los
mismos pasos descritos.

Respiración de la felicidad

Esta técnica es una combinación de diez maha
yoga pranayama seguidas (respiraciones grandes o
completas). Yo la llamo «respiración de la felicidad»
porque puede provocar un estado dichoso y expansivo,
y llevar la mente a la presencia pura.

Ve con tiento. Es una de las prácticas más potentes
del libro. Si eres muy sensible a la energía, puede que
resulte abrumadora. Si es tu caso, realiza solo un par
de respiraciones acostado.

PRECAUCIÓN

Evita esta técnica si estás embarazada (o sospechas que puedas estarlo), si padeces problemas pulmonares o cardíacos, presión arterial alta o baja, hernia, úlcera gástrica, epilepsia, vértigo, glaucoma, antecedentes de accidente cerebrovascular, si te has sometido a una cirugía abdominal reciente o sufres de hernias discales. En caso de hemorragias nasales, migrañas, asma, dolor lumbar o problemas en los ojos y los oídos, procede con precaución. No siempre se recomienda practicar la retención de la respiración cuando existen problemas de salud o enfermedad mental. Consulta a tu equipo médico o terapeuta antes de practicar. Como se trata de una técnica estimulante, evita realizarla antes de dormir. Practícala con el estómago vacío.

UTILIDAD

Recurro a esta práctica cuando quiero llevarme a un estado alterado: antes de meditar, escribir, hablar en público o hacer el amor, para estimularme y conectar con mi ser superior, una versión más consciente de quien soy.

Esta práctica se puede dividir en dos partes, como lo he hecho aquí, para que sea más fácil de aprender.

1.ª PARTE

Primero, realizamos diez aspiraciones y espiraciones fuertes. Igual que en la respiración kapalbhati pranayama (respiración de fuego), las aspiraciones y espiraciones son bastante vigorosas y alimentadas por el diafragma. Pero esta técnica es más lenta: poco más de un segundo por ciclo de inhalación y espiración. Podrás escuchar tu respiración a medida que la intensidad la empuja hacia el interior y el exterior de las fosas nasales.

Una inhalación y espiración constituyen un ciclo. La inhalación y la espiración son iguales en duración, y una respiración tarda poco más de un segundo en completarse. Para que la práctica sea efectiva, es importante que el diafragma baje con la inhalación (lo que abultará la barriga hacia fuera) y la barriga retroceda fuerte y deliberadamente con la espiración, a medida que el diafragma vuelve a subir.

RESPIREMOS: 1.ª PARTE

Siéntate cómodamente. Colócate las manos sobre la barriga.

- Respira profundamente (siente cómo se expande la barriga) y espira con fuerza por la nariz.

- Aspira y espira repetidamente, profunda y completamente, usando sus músculos diafragmáticos con vigor. Los movimientos deben ser exagerados. Las expresiones faciales, acompañadas del fuerte sonido nasal, serán intensas. Procura que el ritmo sea constante, manteniendo la misma velocidad con cada respiración.

- Realiza diez ciclos para completar una ronda, que te llevará unos 11-12 segundos.

Ahora, llevemos las cosas al siguiente nivel. Has aprendido la primera parte y has practicado la respiración grande o completa en la p. 119. Ahora combinaremos ambas para conseguir empuje y una oleada de felicidad.

RESPIREMOS: RESPIRACIÓN DE LA FELICIDAD

Realiza el ejercicio en un lugar seguro. Nunca he visto a nadie desmayarse al practicarlo, pero no lo descartaría. Cerciórate de no estar cerca de esquinas o mesas de café. No sugeriría hacerlo en una silla.

- Siéntate cómodamente.

- Realiza la 1.ª Parte: una ronda de diez ciclos de respiración intensa. Es decir, diez aspiraciones y espiraciones. Debería llevarte unos 11-12 segundos.

- En la espiración final, la barriga se hundirá de forma natural a medida que vacíes todo el aire de los pulmones. Aguanta brevemente aquí, hundiendo intencionalmente la barriga un poco más.

- Realiza una respiración grande o completa. Acuérdate de separar la aspiración, llevándola primero a la barriga, luego al pecho y finalmente a las clavículas. Aspira hasta la última bocanada de aire por las fosas nasales.

- Aguanta la respiración, haz una pausa.

- Espira suave y lentamente por la boca.

- Tómate un descanso aquí, y realiza unas cuantas respiraciones para observar tu cambio de estado y estabilizarte.

- Repite 1-3 rondas más de diez aspiraciones y espiraciones intensas seguidas de la respiración completa de tres partes.

- Hay quien practica más tiempo, pero dada la intensidad de la técnica, recomiendo trabajar gradualmente.

NOTAS

- Tómate tu tiempo. Si te presionas, te limitarás. Comienza con una o dos rondas y continúa solo si te apetece.

3. La clavícula se eleva
2. El pecho se expande
1. El abdomen se expande

3. La clavícula se relaja
2. El pecho se relaja
1. El abdomen se relaja

MODIFICACIÓN

Esta técnica es potente para la mayoría de las personas, pero aún es posible intensificarla si la has practicado y buscas más. Son válidas las mismas advertencias: practica en un lugar seguro, lejos de bordes afilados y no en una silla.

En el punto donde se mantiene el abdomen vacío un instante, húndelo como lo hacemos para el uddiyana bandha. Acuérdate de dejar caer la barriga antes de la aspiración para la respiración en tres partes.

Maha bandha pranayama (tres bloqueos)

Al igual que la técnica anterior, esta debe llevarse a cabo en un lugar seguro. Nunca he visto a nadie desmayarse practicándola, pero no lo descartaría. Aléjate de las esquinas y las mesas de café, y no la realices en una silla.

Ahora nos familiarizaremos con los tres bandhas o bloqueos energéticos: mula bandha, con el que levantarás los músculos del perineo (como un Kegel), uddiyana bandha, con el que hundirás el ombligo (como en la técnica anterior), y jalandhara bandha, con el que llevarás la barbilla al pecho lo más fuerte posible (fuerzas la papada y deberías sentir que no puedes tragar).

Sé que no debería tener técnicas favoritas, pero te contaré un secreto: esta lo es. La maha bandha pranayama es sublime. A menudo ofrece un estado expansivo, trascendido, presente. Úsala para prepararte para la meditación, el yoga o practicar con melodías relajantes.

PRECAUCIÓN

Evita esta técnica si estás embarazada (o sospechas que puedas estarlo), si padeces problemas pulmonares o cardíacos, presión arterial alta o baja, hernia, úlcera gástrica, epilepsia, vértigo, glaucoma, antecedentes de accidente cerebrovascular, si te has sometido a una cirugía abdominal reciente o sufres de hernias discales. En caso de hemorragias nasales, migrañas, asma, dolor lumbar o problemas en los ojos y los oídos, procede con precaución. No siempre se recomienda practicar la retención de la respiración cuando existen problemas de salud o enfermedad mental. Consulta a tu equipo médico o terapeuta antes de practicar. Como se trata de una técnica estimulante, evita realizarla antes de dormir. Practícala con el estómago vacío.

RESPIREMOS

- Siéntate cómodamente.
- Aspira suavemente, luego espira fuertemente con los labios fruncidos, expulsando hasta la última bocanada de aire de los pulmones. Es importante que queden completamente vacíos. Coloca las manos en el suelo para apoyarte.
- No inhales. Igual que con la práctica de uddiyana bandha, hunde la barriga hacia dentro y hacia arriba, lo más cerca posible de la columna vertebral. Endereza la columna y los brazos, y apoya las manos en los muslos. Al mismo tiempo, lleva la barbilla al

pecho y presiona lo más fuerte posible en jalandhara bandha. Simultáneamente, realiza el bloqueo mula bandha, levantando los músculos del perineo.

- Mantén los tres bloqueos bandha el tiempo que puedas. Asegúrate de no aspirar al elevarse el estómago. Mantén la barbilla en el pecho y el perineo activo.

- Relaja la barriga y, mientras aspiras suavemente, levanta la barbilla y relaja los brazos y el perineo.

- Aguanta la respiración, haz una pausa.

- Espira suave y lentamente por la boca.

- Realiza unas respiraciones normales para notar tu cambio de estado y estabilizarte.

- Repite 1-3 rondas más. Hay quien practica más tiempo, pero recomiendo trabajar gradualmente.

NOTAS

- Tómate tu tiempo. Si te presionas, te limitarás. Empieza con una o dos rondas y continúa solo si te apetece.

Método Wim Hof

Es raro no encontrar una mención de Wim Hof en los textos y clases modernas de respiración. El escritor y atleta extremo holandés ha vuelto a situar en primer plano el antiguo arte de la respiración en las últimas dos décadas. También ha hecho que parezca bastante divertido. Él camina por montañas nevadas sin camiseta y mantiene una temperatura corporal elevada sumergido en agua helada durante casi dos horas.

El método de Wim, que según él vuelve el cuerpo más resistente al estrés físico y psicológico, presenta tres bases: meditación, ejercicios de respiración y exposición al frío. Aquí vamos a practicar el ejercicio de respiración que se ha convertido en la piedra angular de su popular adaptación.

PRECAUCIÓN

Wim Hof desaconseja este método en caso de epilepsia, presión arterial alta, enfermedad coronaria o antecedentes de insuficiencia cardíaca o accidente cerebrovascular. Si padeces una afección médica grave, busca el consejo de un profesional de la salud antes de comenzar. No siempre se recomienda practicar la respiración rápida o intensa durante el embarazo. Si experimentas problemas de salud o enfermedad mental, consulta a tu equipo médico o terapeuta. Se trata de una técnica estimulante: evita practicarla antes de dormir.

UTILIDAD

Sigue el ejemplo de Wim cuando necesites un impulso de energía, reducir los niveles de estrés o acelerar la recuperación después de un entrenamiento físico intenso. Él recomienda practicar justo después de despertarse, o antes de una comida, con el estómago vacío.

RESPIREMOS

- Siéntate o acuéstate cómodamente.

- Respira profundamente por la nariz o la boca, aspirando completamente primero con la barriga y luego con el pecho.

- Espira por la boca.

- Repite 30 respiraciones cortas y potentes.

- Después, aspira tan profundamente como puedas. Espira completamente y contén la respiración todo el tiempo que puedas.

- Cuando necesites volver a respirar, aspira hasta llenar los pulmones. Cuenta 15 segundos antes de soltar el aire. Esto es una repetición.

- Realiza 3-4 repeticiones consecutivas. Con la práctica, irás notando que la respiración es como una onda que fluye por los pulmones.

Movimientos de cadera

¡Abróchate el cinturón, que vienen curvas! Vamos a combinar diferentes elementos que actuarán como una fórmula mágica para activar la energía y llevarnos a un espacio de expansión.

También pueden despertar la energía sexual en el cuerpo, y provocar un orgasmo respiratorio. Practicar esta técnica regularmente puede favorecer una experiencia más orgásmica durante el sexo. ¡Ideal!

Inicia la práctica sin expectativas. Necesitarás una mente abierta y dejar que la práctica te guíe. La técnica consta de cuatro partes, e iremos trabajando hasta la combinación final. He dividido el ejercicio en cuatro secciones para presentar las claves mientras avanzamos.

PRECAUCIÓN

Evita la práctica de esta técnica si estás embarazada.
Practícala con cuidado si sufres de dolor lumbar.
Consulta a tu médico antes de practicar esta técnica
en caso de otros problemas de salud.

CLAVES

1. Respiración.
2. Movimiento.
3. Sonido.
4. Bloqueos mula bandha (ejercicios Kegel).

RESPIREMOS

- Acuéstate boca arriba. Con las rodillas dobladas, las plantas de los pies en el suelo y la zona lumbar de la espalda plana en el suelo.

- Vamos con las dos primeras claves: respiración y movimiento.

- Aspira y arquea la zona lumbar para crear un puente. El hueso del coxis permanece en el suelo, y los omóplatos y la parte superior de la espalda tocan el suelo. Queda un espacio elevado entre los dos.

- Espira, presiona la zona lumbar en el suelo y mantenla plana.

- Repite, buscando tu ritmo. Aspira-arquea. Espira-aplana la espalda. Aspira-arquea. Espira-aplana.

- Vamos a añadir la tercera clave: el sonido.

- Aspira-arquea. Espira-aplana. Mientras espiras, emite un sonido audible, un «Ahhhh». Aspira-arquea. Espira-aplana y libera el «Ahhhh». Encuentra tu ritmo.

- Ahora incluyamos la cuarta y última clave: el bloqueo mula bandha o Kegel.

- Aspira-arquea. Espira-aplana la espalda liberando el «Ahhhh», hazlo simultáneamente prolongando la espiración y el sonido. Aspira-arquea. Espira-aplana, libera el «Ahhhh» y aprieta.

- ¡Sigue! Continúa el rato que desees, entre 3 y 15 minutos o más.

1. Aspira-arquea la espalda

2. Espira-aplana la espalda

NOTAS

- Experimenta con música durante el ejercicio. También te animo a probar con diferentes velocidades de los movimientos de cadera. Algunos alumnos se mueven muy lentamente y otros aumentan el ritmo.

- Prueba una versión secuenciada, con tres minutos de movimiento seguidos de un minuto de descanso. Repite durante tres o cuatro rondas. En el período de descanso, toma conciencia de las sensaciones que experimenta el cuerpo.

- Al principio, es posible que no sepas exactamente qué músculos aprietas con el Kegel. Una forma práctica de descubrirlo es ir al baño, detener la micción y reiniciar el flujo. Los músculos que aprietas para detener la orina son los mismos que usas en esta práctica. Con el tiempo, estos músculos se fortalecen y se vuelven más identificables.

Fijar objetivos

Usar la respiración para llegar a un estado alterado es la herramienta perfecta para mejorar nuestra realidad y hacernos con las riendas de nuestras vidas, para tomar decisiones conscientes sobre quiénes somos y qué queremos.

Pero cuando se trata de manifestarlo o cambiarlo, no podemos hacerlo desde el nivel de conciencia habitual. Necesitamos cambiar nuestro estado, y con esta técnica, comenzamos a crear nuestros objetivos futuros.

Primero, hay que tener claro qué quieres crear. Escribe tus intenciones como si fueran una realidad. Por ejemplo, si quieres un cuerpo más saludable, escribe «Mi cuerpo está lleno de vitalidad» o «Estoy fuerte y en forma». Esta lista de afirmaciones tiene que ver con el área donde deseas crear un cambio. Luego, escribe las emociones que sentirás cuando logres tu objetivo. Por ejemplo: «agradecido», «vital», «motivado», «alegre», «despejado».

UTILIDAD

He usado esta técnica repetidamente y doy fe de que funciona. Ya sea para cambiar un rasgo, un hábito o imaginar lo que puede acontecer en el futuro, me ha funcionado una y otra vez.

RESPIREMOS

- Elige una técnica de expansión.
- Dependiendo de la técnica, siéntate, quédate de pie o acuéstate cómodamente. Colócate el papel con tus intenciones delante.
- Cierra los ojos y realiza cinco rondas de la técnica para elevar tu estado.
- Abre los ojos y, mientras permaneces en este estado elevado, lee tu lista de intenciones. Luego lee las emociones que sentirías si esta manifestación estuviera presente. Y aquí está la clave: siente los sentimientos, siéntelos realmente, como si los experimentaras en este momento. Déjate ilusionar por los sentimientos, deja que una sonrisa levante las comisuras de tu boca y las emociones impregnen todo tu ser.
- Cierra los ojos y siéntelo una vez más. Luego sella la práctica con una respiración diafragmática profunda, expresando gratitud por el futuro que te estás creando.

NOTAS

- Algunos estarán bien versados en este tipo de práctica, mientras que para otros puede parecer un poco rara. Pero ten la seguridad de que no es solo para una realidad alternativa. El ensayo mental y la visualización han sido científicamente probados como herramientas para crear cambios y mejorar. Agregar la técnica de respiración es el broche final: nos sitúa en un estado elevado que hace que el cerebro sea más receptivo a la sugestión.

Cuatro

El despertar

Cuando despertamos, entramos conscientemente en el presente y en nosotros mismos. Es una actualización de nuestro sistema operativo y de nuestro mapa de la realidad. Dejamos de caminar sonámbulos por la vida, nos liberamos del estado de sueño y procedemos a conocer nuestro verdadero yo al nivel más profundo.

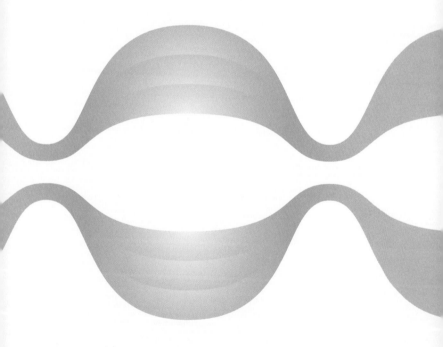

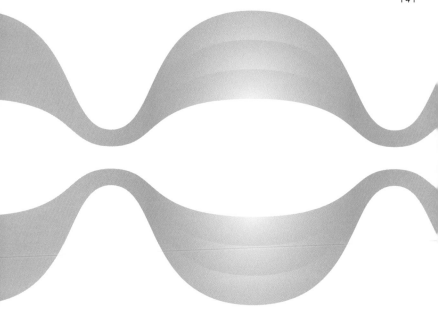

La respiración desbloquea y acelera el proceso de despertar.
Cuando expandes tu respiración, expandes tu conciencia.

Cuando hacemos una pausa intencional, tal vez como parte de
nuestra rutina diaria, o una respiración consciente en un momento
difícil, suspendemos la mente del pensamiento habitual e invitamos
a la conciencia. Al recuperar la autoridad de tu estado mental, te
preguntas: «¿Qué es verdad para mí más allá de lo que me han
dicho?», y comienzas a buscar.

El espectro de la conciencia

Piensa en la conciencia como un espectro. Todos nos encontramos en algún lugar del espectro. Nuestras experiencias de vida, antecedentes, educación y rasgos personales contribuyen a la ubicación de ese lugar. Ciertas prácticas y experiencias pueden elevar el proceso de nuestra evolución a lo largo de este continuo, o no.

La forma en que vivimos la mayoría de nosotros nos proporciona una cantidad limitada de energía y tiempo para crecer en conciencia. La forma en que está configurada la sociedad occidental, y la forma en que el sistema actual opera culturalmente, nos mantienen en un nivel de conciencia bajo. Ya sabes: la típica realidad estable.

Cuando te involucras en una experiencia que te catapulta por encima de tu nivel cotidiano de conciencia, puedes obtener una visión panorámica, un nivel alterado de comprensión, una mayor perspectiva de significado. Pero a menudo, al volver a tu estilo de vida, volverás al nivel anterior de conciencia y recaerás en viejos patrones y hábitos.

Evolucionar más allá del ego

Entonces, ¿cómo crecemos en conciencia? ¿Cómo usamos las experiencias que ofrece la respiración para elevar nuestra conciencia? Se empieza desarrollando la capacidad de vernos a nosotros mismos. Comenzamos el proceso de lo que yo llamo «conciencia testimonial».

Somos testigos cuando aprendemos a observarnos a nosotros y nuestras opiniones, y eso lo cambia todo. Transformamos la relación con nosotros mismos y con el mundo que nos rodea.

Al recuperar la autoridad de tu estado mental, te preguntas: «¿Qué es verdad para mí más allá de lo que me han dicho?», y comienzas a buscar.

La forma en que vivimos
la mayoría de nosotros nos
proporciona una cantidad
limitada de energía y tiempo
para crecer en conciencia.

La forma en que está configurada
la sociedad occidental, y la forma
en que el sistema actual opera
culturalmente, nos mantienen en
un nivel de conciencia bajo.

En lugar de percibir constantemente la realidad desde la perspectiva de nuestro ego, empezamos a observar como testigos.

Para muchos, la vida transcurre a través de la lente del ego. La mayoría pensamos que el ego es lo que somos, cuando, de hecho, nuestro ego se forma a través de una amalgama de identificaciones que comenzamos a recopilar en la infancia. Comienza con la reflexión que recibimos de las personas que nos rodeaban. Al crecer, continuamos recopilando patrones, creencias, definiciones, comportamientos, juicios. Nuestras familias, cultura y los sistemas que nos rodean nos dijeron quiénes éramos, qué deberíamos sentir y cómo deberíamos pensar. Interiorizamos estas ideas y creencias.

El ego es la voz de nuestra cabeza. ¿Conoces la voz que tiende a criticar, culpar y defender? Esa es. Puede juzgarte duramente a ti y a los demás, y tiene una opinión firme sobre cómo son las cosas y cómo deberían ser, y sobre lo que está bien y lo que está mal.

Cuando despertamos de la naturaleza condicionada de nuestra mente, comenzamos a distanciarnos de esta voz, reconociendo la angustia que nos causa su incesante charla. Nos damos cuenta de cuántas de nuestras creencias están programadas, cuántos pensamientos son heredados y vemos que nuestra respuesta a la vida rara vez es la nuestra. Relee esta última parte. Alucinante, ¿verdad?

Pero nuestro ego no es del todo malo. Ha servido a un propósito y fue diseñado para ayudarnos a sobrevivir. Al juzgar, criticar, crear constructos y sentirnos separados de los demás, a cierto nivel nos protege. Pero solo nos sirve hasta cierto punto. Cuando abrimos la mente, entendemos que somos más grandes de lo que la conciencia ordinaria y nuestro cerebro consideran necesario para sobrevivir.

Como testigos, es más probable que veamos las cosas por lo que son. Esto a veces parece una confrontación. Tal vez creas que tu mundo se desmorona, y veas las cosas más difíciles antes de notar que son más fáciles. Las personas de tu vida pueden verse amenazadas por los cambios que ven en ti. Pero respira hondo y recuérdate a ti mismo: «Presenciar mis sentimientos es seguro. Estoy en lo correcto al cuestionar mis creencias. Es importante investigar mi cultura». ¿Lo notas? Empiezas a realinearte con tu auténtico ser interior.

¿Qué puede ocurrir al convertirme en observador?

- Reconoces que el mundo que te rodea es una construcción social. Comienzas a cambiar tu perspectiva y dejas de lado los viejos marcos que ya no sirven. Ves dónde has sucumbido a ideas creadas y adoctrinadas, tomándolas como naturales o normales, cuando, de hecho, son conceptos construidos colectivamente. Comienzas a desprenderte de las viejas formas y te preguntas qué es verdad para ti. Tal vez te cuestiones las ideas en torno a la belleza, la sexualidad, el género, la raza y la religión. Presta atención a aquello que despierta tu curiosidad.

- Cuestionas tu propio comportamiento y observas patrones personales. Te preguntas por qué haces lo que haces. Tus rasgos menos favorecedores, adicciones y condición pueden quedar expuestos.

- Surgirán verdades incómodas. El despertar es una exposición que revela lo que antes era inconsciente. Pero al iluminar nuestras sombras, llegamos a conocernos. A partir de aquí, el impulso al cambio viene de la autoobservación. La observación es lo que te separa de los programas inconscientes que has estado ejecutando.

- Abandonas los juicios. Comprendes mejor los comportamientos y elecciones de otras personas. Amplías tu alcance para las diferencias de opinión y no te importa tanto cuando las visiones del mundo o las elecciones de otras personas difieren de las tuyas. Con el tiempo, incluso comenzarás a disfrutar de estas conversaciones desafiantes.

- Tu intuición aumenta. Aprovechas un conocimiento interno y conectas con tu brújula interna. De manera intuitiva te diriges o te apartas de ciertas situaciones, personas u objetos. Sabes qué pasos dar porque tu intuición te proporciona información inmediata. Captas señales sutiles y confías en tu instinto para que te guíe.

- Experimentas más sincronías, claridad y facilidad. Las personas, experiencias y objetos adecuados parecen aparecer en el momento justo. Estás menos ansioso por el futuro y estás más capacitado para liberarte del pasado. Sientes que todo se está desarrollando como debería. Creativamente, puedes encontrarte en estados inspirados. La vida fluye más.

- Gozas de un mayor equilibrio. Despertar no significa que las cosas no salgan mal en la vida, pero sí reduce el tiempo de recuperación. Es posible que aún sientas la carga emocional, pero no dura como antes.

- Toleras menos ciertos entornos, personas y temas que antes te interesaron. Quizás necesites cambiar o terminar alguna relación, y tal vez comiences a poner límites en torno a tu tiempo y energía. Atrás quedaron los días de escuchar o participar en chismes. Es posible que elimines aplicaciones, dejes de seguir a personas en las redes sociales y te vuelvas más prudente con lo que consumes mentalmente.

- Tus elecciones externas comienzan a alinearse con tu verdad interior. Tomas decisiones que sientes adecuadas para tu cuerpo, mente y alma. Es un enorme impulso para la sensación general de bienestar, satisfacción y felicidad.

- Tu confianza aumenta junto con tu autoestima y amor propio. Vives de manera más auténtica, crees en tus capacidades, te sientes seguro de tus elecciones y desarrollas una profunda satisfacción por lo que eres. Te sientes completo.

- Entiendes que estás conectado a algo más grande que el yo individual. Comienzas a reconocer que eres un microcosmos dentro de un macrocosmos. Eres capaz de verte de forma simultánea como individuo y de mantener una comprensión de tu conexión con todo lo demás que existe. Esto cambia tu manera de mostrarte en el mundo. Es posible que te notes más consciente del medio ambiente, empático, compasivo y cariñoso. Te esfuerzas cuando nadie mira, sin la necesidad de quedar bien.

Cuando abrimos la mente, entendemos que somos más grandes de lo que la conciencia ordinaria y nuestro cerebro consideran necesario para sobrevivir.

La respiración consciente acelera el despertar

La respiración nos trae al ahora. Entrenamos la mente para estar más presente y a gusto consigo misma. Estar presente requiere un esfuerzo, en particular en la sociedad actual, de pantallas omnipresentes y opciones casi infinitas. Muchas cosas compiten por nuestra atención, tirando de nosotros en diferentes direcciones y drenando nuestra energía. Quédate con la respiración y serás recompensado.

Cuando respiramos, cambiamos a un estado más claro. Estamos más capacitados para ver qué es real y quiénes somos. Al aquietar la actividad mental, descendemos a un nivel más profundo, a un lugar de verdadero conocimiento, intuición, orientación y conciencia. Desde ahí podemos preguntar: «¿Qué es real para mí? ¿Cuál es la mejor opción en este momento? ¿Cuál es el siguiente paso que debo dar?».

Cuando continuamos visitando ese lugar de quietud y presencia, construimos el camino para llegar allí más fácilmente, más a menudo. Aprendemos a integrar estos estados en nuestro día a día: mientras nos movemos, durante el conflicto, ante dificultades, reposando frente a una cascada. La pausa se convierte en un estado de fácil acceso; la respiración es el barco que nos conduce a nuestro destino y nos ancla allí. Al lugar donde encontramos nuestra conciencia superior. Cuando actuamos desde un lugar de mayor conciencia, cambiamos la calidad de nuestras acciones, pensamientos y decisiones. Lo que habríamos hecho es diferente de lo que terminamos haciendo. El impulso de actuar nace de la respuesta consciente más que de la reacción.

Cuando los pensamientos, sentimientos y acciones habituales se detienen, la energía liberada de esa mentalidad previa se vuelve disponible. Cuando te tomas un momento para respirar, recuperas tu energía. Esta energía, ahora combinada con la conciencia, está disponible para que la redirijas y la uses con conciencia. Nos presentamos de manera más completa, auténtica y concienzuda. Este no es tu nuevo yo, eres tú conociendo a la persona que has sido siempre.

Invitar energía nueva

La práctica de la respiración no solo nos enseña a detener la acción, sino que también crea una pausa por el bien de la pausa misma. Podemos descubrir momentos de quietud escasos en la vida, momentos que nos sumergen de lleno en la vida. Entonces comenzamos a sentir más y ver más lo que experimentamos. Cuando nos expandimos y alcanzamos un estado conectado, se revela una existencia más allá de los cinco sentidos que rara vez se enseña ni se habla de ella. Puede abrirnos a energías y a un mundo que nunca supimos que existía. La respiración nos acerca a las verdades universales porque nos catapulta fuera del microcosmos de nuestra propia mente y hacia un macrocosmos de una realidad mayor. Nos llama la atención lo que está sucediendo dentro de nosotros y más allá de nosotros.

Es natural sentir miedo cuando comienzas a despertar. A veces se siente como una especie de muerte, y de alguna manera lo es. Es la muerte del viejo yo. Al despojarnos del viejo yo, comenzamos a descartar lo que ya no nos sirve.

Siguiendo el camino del despertar, tal vez experimentemos estos momentos de miedo nuevamente, a medida que nos confrontamos a nuestro ego y nuestra visión del mundo. Como humanos, parece que tememos de forma inherente lo desconocido. Entonces es útil recordar lo que sucedió la última vez que experimentamos un cambio de paradigma: fuimos liberados.

🌑🌑🌑 *Abrazar la energía*

Muchas tradiciones hacen referencia a la idea de energía que existe a nuestro alrededor y dentro de nosotros. Algunas de las prácticas del libro están diseñadas para crear conciencia sobre la energía, amplificarla en nuestros organismos, purificarla y usarla o canalizarla para un propósito específico. Puedes experimentarla en forma de sensaciones, como un cambio de estado o como un aumento de vitalidad. Puede que comiences a «captar» la energía del mundo que te rodea. Si esto te suena muy esotérico, no te preocupes. Pero tenlo en cuenta al avanzar en tu práctica.

La pausa se convierte en un estado
de fácil acceso; la respiración
es el barco que nos conduce a
nuestro destino y nos ancla allí.
Al lugar donde encontramos
nuestra conciencia superior.

EL DESPERTAR

El despertar: prácticas

Desbloquear la consciencia

Si la sesión de respiración te ha sumergido en las profundidades de tu subconsciente, o te ha transportado a la vastedad del universo, ¿cómo te aseguras de que te llevas contigo de vuelta las experiencias y los mensajes que has recibido? ¿Cómo los usas para cambiar tu vida? Siendo consciente.

No solamente estás persiguiendo subidones y experiencias psicodélicas porque sí (o tal vez sí, y eso también vale). Pero si estás interesado en ese tipo de experiencias para luego cambiar tu vida, es importante integrar lo que has aprendido.

1. INTENCIÓN

Fija una intención para trabajar tu relación contigo mismo con la práctica. Algo así como: «Invito a la conciencia» u «Honro mi compromiso con este viaje». Se trata de un trabajo profundamente personal. Estás empezando a saber quién eres realmente.

2. COMPROMISO

Respeta tu tiempo de práctica. Comprométete a llevarla a cabo. Inevitablemente, cuanto más practiques, más normalizarás estos estados superiores. Ascenderás en el espectro de la conciencia y, eventualmente, no siempre volverás donde empezaste.

3. MENSAJES

Ten a mano un diario durante la sesión y escribe cualquier epifanía, experiencia o mensaje que recibas de tu ser superior. Relee periódicamente tus anotaciones. Refrescar esas ideas te ayudará a integrarlas en tu vida diaria.

4. SENSACIONES

Presta atención a cualquier sensación que experimentes en el cuerpo durante la práctica. El hormigueo de los pelos de los brazos, el aire caliente que espiras por las fosas nasales, la frescura de los dedos de los pies. Estas sensaciones sutiles siempre están presentes, pero a menudo nos mostramos insensibles a ellas. Cuando observas tu cuerpo, desarrollas una relación más profunda con su sabiduría. También trabajarás la atención.

5. AMPLIACIÓN

Combina la práctica con otros aspectos enriquecedores de tu vida. El despertar se beneficia de una dieta limpia, sueño de buena calidad, tiempo en la naturaleza y exposición a la luz solar. Canaliza tu energía al reírte a carcajadas, practicar la gratitud, disminuir el ritmo vertiginoso, encontrar tiempo libre, bailar, hacer ejercicio y mantener conversaciones valiosas: las cosas que te hacen sentir bien y pensar con claridad.

6. UNIÓN

Crea una sinergia calmante con tus demás prácticas espirituales. Respira antes del yoga, la meditación, la oración, salir de excursión, escuchar un podcast inspirador o cualquier otro ritual personal. La respiración puede llevarte directamente a un estado de asombro y presencia, preparándote para recibir una transmisión más profunda.

Profundiza tu atención consciente

Al practicar la atención consciente a lo largo del día, comenzarás a profundizar en ella. Puedes programar una alarma o fijar una intención para acordarte de prestar atención a una tarea cotidiana como lavar los platos o ducharte. Vamos a probarlo ahora. Sintoniza y observa:

- Tu cuerpo: escanea tu cuerpo y observa lo que sientes. Tal vez los hombros estén tensos o aprietes los dientes. Puede tratarse de algo tan sutil como un hormigueo en las yemas de los dedos.

- Cómo te sientes: revisa cómo te sientes y describe la emoción: «Me siento...».

- Qué estás pensando: sé testigo de tu diálogo interior. Observa las tendencias de tus patrones de pensamiento y las historias que unes a tus experiencias.

- Tu comportamiento: observa si hay un patrón recurrente en tu forma de comportarte. Observa tus tendencias y formas de ser.

- Tus creencias: toma nota de las cosas que crees absolutamente ciertas. Observa dónde se originaron estas creencias. Luego pregúntate de nuevo: «¿Considero que eso es cierto?».

No hace falta cambiar nada de lo que observas. Esta práctica consiste simplemente en presenciar. Lo que estamos haciendo es conocer y aumentar nuestra autoconciencia. A medida que progresemos, la observación llega y el ego retrocede.

Voluntad de presencia

Durante el proceso de despertar, buscamos presencia, no perfección. Buscamos mantenernos presentes a largo plazo y comprometernos a un desarrollo gradual en lugar de resultados instantáneos. Tu dirección es más importante que tu velocidad. Habrá momentos de claridad y expansión, luego te perderás de nuevo. Vivirás experiencias de conciencia, y luego de inconsciencia. Pero poco a poco, a medida que aumenta tu consciencia, ciertos rasgos, situaciones de tensión y patrones de pensamiento comenzarán a desaparecer.

Piensa en tu psique como un estanque. A veces está transparente, y a veces se agita y se enturbia. Nuestra presencia como observadores es como un tamiz, que retira sedimentos del estanque y deja el agua más clara.

Celebra tus victorias, aunque tu logro sea simplemente notar tu propia falta de consciencia. Porque cada vez que la reconoces, estás, de hecho, fortaleciendo tu consciencia.

Sabrás que estás escapando de las garras del ego cuando notes que tu reactividad ha disminuido o desaparecido. Muy lentamente, el ego hipersensible aprende a relajarse. Empezamos a relacionarnos desde el núcleo de nuestro ser auténtico, desde nuestra esencia.

Estamos elevando nuestro estado y acelerando nuestra evolución personal. Le estamos dando un respiro a nuestra alma.

Cuando te tomas
un momento para respirar,
recuperas tu energía... Te presentas
de manera más completa, auténtica y
concienzuda. Este no es tu nuevo
yo, eres tú conociendo a
la persona que has
sido siempre.

Sigue bien

Hay quien dice que las respiraciones profundas son como pequeñas notas de amor para el cuerpo. Llegado a este punto, espero que tu buzón interno esté repleto de palabras dulces.

RESPIRACIÓN CONSCIENTE

Hemos descubierto que pueden pasar muchas cosas cuando trabajas la respiración. Al rendirte a la quietud, te das tiempo para cambiar tu estado, sanar y crecer. Al respirar más, te despiertas para sentir más. Le dices no al adormecimiento y sí a la experimentación del rico reino de las emociones humanas.

La felicidad es ahora tu brújula, no tu destino. Y al conectarte con la respiración, conectas contigo mismo. El mundo necesita lo que fuiste hecho para ser. Este es tu regreso a casa.

El tiempo no regresa, así que te insto a usarlo con intención. Te comprometiste con este libro, y mi esperanza es que ahora continúes el compromiso de evolución con tus prácticas de respiración. Recuerda que tu respiración es la clave para vivir más la vida, y estas técnicas ahora son tuyas y te ayudarán a gozar de días más enriquecedores, de forma cotidiana.

Todo lo que necesitas está dentro de ti. Sigue tu respiración y todo saldrá bien.

Precauciones

RESPIRACIÓN CONSCIENTE

Aunque indico algunas precauciones para no comprometer tu salud y bienestar, no me hago responsable de ninguna lesión o daño causado durante las prácticas de respiración.

Los maestros y los médicos no siempre son capaces de predecir la reacción o respuesta del cuerpo a una técnica, por lo que el sentido común es clave. Te insto a que seas prudente, compasivo y amable con tu cuerpo. Esa es la única forma de cosechar los increíbles beneficios de la respiración y no comprometer tu seguridad.

- Si bien las prácticas de respiración son seguras para la mayoría de las personas, en caso de alguna afección médica, es buena idea hablar con el médico antes de comenzar. Si surgen problemas después de comenzar, deja de practicar y visita a tu médico enseguida.

- Si sientes algún efecto adverso, como dificultad para respirar, mareos o náuseas, suspende la práctica inmediatamente. Del mismo modo, si te sientes incómodo o inseguro acerca de una práctica, abandónala de inmediato.

- Nunca uses técnicas de contención de la respiración si estás embarazada, sufres problemas pulmonares, cardíacos, oculares o de oído, hipertensión o presión arterial baja.

- En caso de embarazo, problemas pulmonares, cardíacos, oculares o de oído, hipertensión, presión arterial baja, hernia, úlcera gástrica, epilepsia, antecedentes de accidente cerebrovascular, si te has sometido a una cirugía abdominal reciente, evita las técnicas intensas que implican mover intencionalmente el estómago hacia dentro y hacia fuera. Si tienes dudas, pregunta a tu médico si probar estas técnicas es seguro.

- Procede con precaución si experimentas problemas de salud o enfermedad mental, ya que algunas técnicas podrían agravar tu estado. Especialmente evita las prácticas que implican contener la respiración o respirar rápidamente. En su lugar, concéntrate en prácticas relajantes como la respiración coherente, la respiración 4:6 o las prácticas de meditación. Consulta con tu equipo médico o terapeuta para saber qué prácticas de respiración resultan beneficiosas dadas tus condiciones.

- Si sufres hemorragias nasales significativas, migrañas o asma, o presentas problemas oculares o de oído, procede con precaución.

- No practiques cuando estés particularmente congestionado. Puede ser útil despejar la nariz o usar una lota nasal, un pequeño recipiente tradicionalmente utilizado para limpiar las fosas nasales (se vierte agua salada tibia en una fosa mientras se inclina la cabeza sobre el lavabo, y luego se cambia de lado). Así se ayuda a diluir la mucosidad y eliminarla.

- Evita practicar las técnicas más potentes cuando te sientas enfermo o agotado. No es bueno añadir más presión si el organismo ya está afectado. Cíñete a las prácticas lentas y suaves para ayudar a desintoxicar y calmar el cuerpo.

- La respiración siempre debe ser por la nariz, a menos que se indique lo contrario.
- Practica con el estómago vacío, especialmente las técnicas más intensas. Esta es una de las razones por las que es ideal practicar a primera hora de la mañana. Si tienes mucha hambre, bebe un vaso de leche o bebida vegetal.
- Observa cómo te sientes emocionalmente durante y después de la práctica. Si una técnica crea agitación, irritación, ansiedad o nerviosismo, deja de realizarla. En su lugar, concéntrate en prácticas físicas como asanas de yoga o ejercicio físico, y dirígete a las prácticas calmantes y suaves de los capítulos para el cambio y el compromiso. Trabaja con las técnicas que sosiegan tu mente y organismo. Aunque comprometerse con una práctica es importante, también lo es cambiar si no sientan bien un día u hora determinados.

Todo lo que necesitas está dentro de ti. Sigue tu respiración y todo saldrá bien.

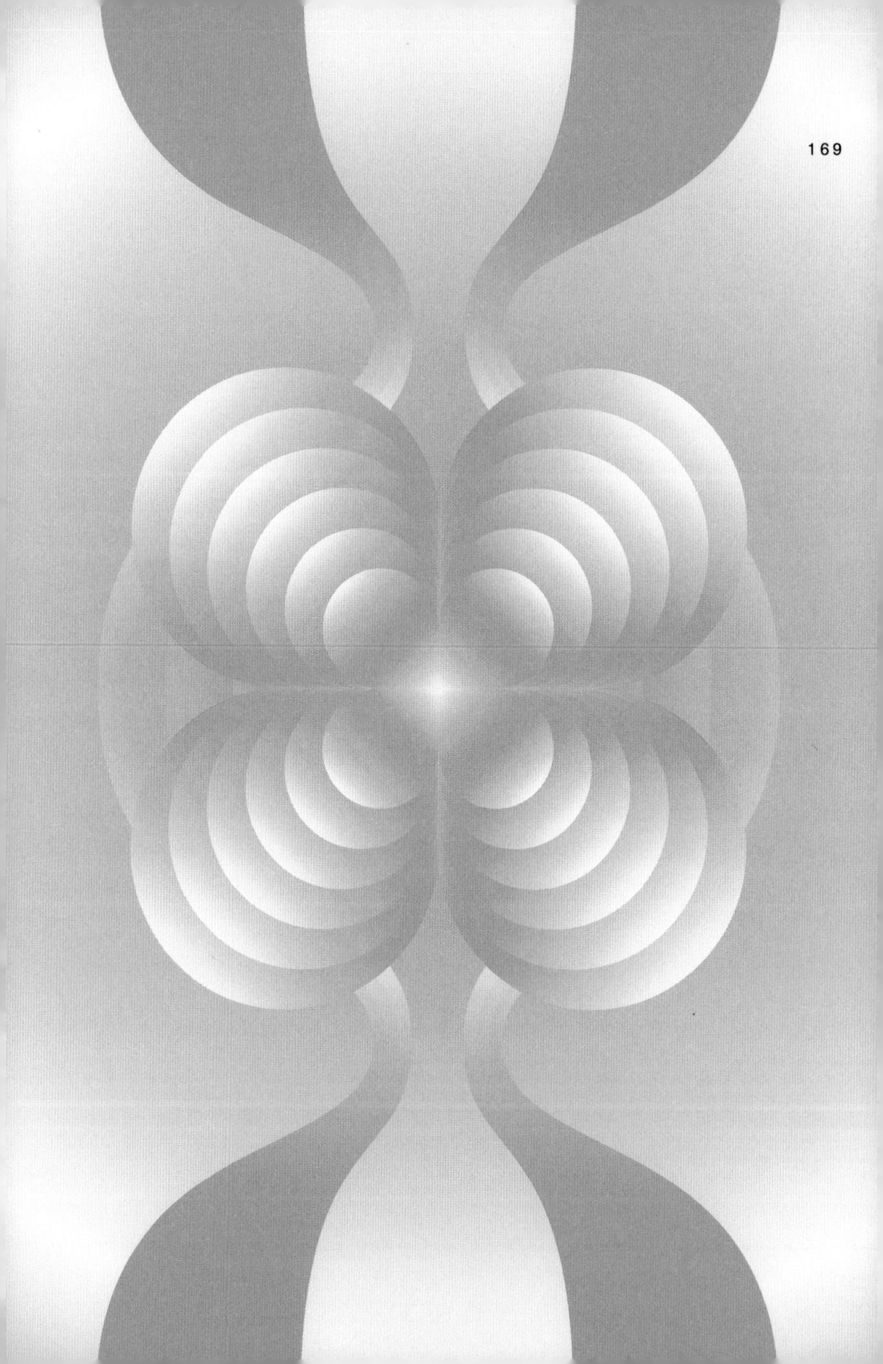

Índice

Agradecimientos

Nos gustaría reconocer a los custodios tradicionales de las tierras en las que escribimos estas palabras, el pueblo Gunditjmara y el pueblo Gumbaynggirr. Presentamos nuestros respetos a los antepasados y ancianos, pasados y presentes.

A Alice, Antonietta y al equipo editorial. Gracias por su visión para el presente libro y su fe inquebrantable en que el mundo necesita este trabajo. Apreciamos su flexibilidad, comentarios y su manera de hacernos sentir siempre bienvenidas en su redil creativo.

A los maestros que nos han precedido, y a los que enseñan junto a nosotras. Gracias por compartir su sabiduría, por apoyar nuestro crecimiento y por enriquecer las vidas de tantos.

A Jagriti Bahtia: gracias por animarnos a ofrecer estas prácticas, tanto antiguas como modernas. Tu apoyo fue como un gran y cálido abrazo. Gracias por darnos la confianza para continuar.

A Kanchana Rao: gracias por verificar las técnicas y los términos sánscritos que aparecen a lo largo del libro. Has ayudado a que estas prácticas brillen, y agradecemos tu aliento para compartir estas técnicas trascendentales.

A nuestra comunidad de estudiantes de Awaken. Su búsqueda y voluntad de sumergirse y explorar estas técnicas ha sido muy inspiradora. Gracias por la constante molestia de describirlas con palabras para poder brindarlas aquí.

Debemos agradecimiento a la respiración en sí. Ha sido una de las herramientas más útiles con que hemos contado mientras escribíamos este libro. Cuando nos hallábamos en una encrucijada, recurríamos a la respiración para encontrar el camino. Cuando llegaba una fecha de entrega, respirábamos profundamente para recoger nuestros pensamientos y calmar nuestras mentes. Y llegado el momento de celebrar, pudimos extender esos sentimientos de felicidad, gratitud y dicha.

Finalmente, nuestro gran agradecimiento para los equipos de apoyo en casa.

A nuestros amores, Nootsie y John. Gracias por ser nuestras cajas de resonancia, nuestros baristas personales y los mejores animadores. Y a nuestros hijos, gracias por ser los mejores maestros y recordarnos que debemos respirar.

LECTURAS ADICIONALES

Encontrarás cursos y recursos en mi web, www.emmapower.com, todos diseñados pensando en ti. Ponte en contacto conmigo para recibir más información sobre mi trabajo.

@emma_power

Acerca de las autoras

Emma Power

Educadora de relaciones y bienestar, escritora y oradora, es autora de los libros *How to Have Meaningful Relationships* y *When Love Goes South*, y fundadora de Tantra Is Love y The Awaken School. Ha aparecido en Triple J, Canal 7 y en las principales publicaciones y medios de comunicación de Australia. Organiza eventos populares, como los talleres periódicos de relaciones, talleres de sexualidad, retiros de yoga y meditación, talleres para mujeres y cursos en línea.

Jenna Meade

Periodista y editora australiana de bienestar y viajes, comenzó su carrera en el departamento de redacción de News Corp antes de explorar el mundo como nómada digital y descubrir lo último en mente, cuerpo y espíritu. Encontrarás sus artículos en *Broadsheet*, *RoyalAuto*, news.com.au, *Qantas Magazine* y *House of Wellness*. Vive junto al mar con su familia en la soleada costa central del norte de Australia.

La edición original de esta obra ha sido publicada en el Reino Unido
en 2022 por Hardie Grant Books, sello editorial de Hardie Grant
Publishing, con el título

Follow Your Breath

Traducción del inglés
Gemma Fors

Av. Diagonal, 402 – 08037 Barcelona
www.cincotintas.com

Primera edición: junio de 2023

Impreso en China
Depósito legal: B 4098-2023
Código Thema: VXA
Mente, cuerpo y espíritu: pensamiento y práctica

ISBN 978-84-19043-23-8